新版

基本の料理

野﨑洋光

日本一簡単なのにはわけがある

KADOKAWA

この書籍の最初の版が刊行されてから、
13年の月日が流れました。
当時、「いまほど家庭で料理を作るのに恵まれた時代はない」と
お伝えし、その後改訂版が出された2018年にも
その思いをさらに強くし、当時料理長であった店の料理の作り方を
家庭料理の手法に合わせて見直したほどでした。
それは、素材のうまみを生かし、シンプルに作り、
作りたてを食べる、ということです。それこそが家庭料理のよさ。
シンプルで簡単であるがゆえに、
そこには理由が存在します。
2024年に店を卒業し、和食料理人として活動するようになり、
さらに家庭料理のよさとおいしさの理由を
たくさんの方にお伝えしたい、という思いを新たにしました。
この1冊がみなさまの日々の料理の傍らにあり、
みなさまの助けになれば幸いです。

和食料理人　野﨑洋光

目次

はじめに　4
料理を始める前に　8

第一章　肉　9

豚　　豚肉のしょうが焼き　10
　　　豚の角煮　12
　　　肉じゃが　14
　　　豚の冷しゃぶ　16
　　　煮豚　18
　　　豚汁　20

鶏　　とりのから揚げ　22
　　　とりのくわ焼き　24
　　　とりのパリパリ焼き　26
　　　ゆでどり　28
　　　とりの水炊き　30

牛　　ローストビーフ　32
　　　牛肉のしぐれ煮　34
　　　和風牛ステーキ　36

挽肉　肉だんご　38

肉や魚、素材をおいしくする
簡単なコツが霜降り。これ一つで
家庭料理の味はがらりと変わります　40

第二章　魚　41

鯖　　さばのみそ煮　42

鰤　　ぶりのあら煮　44

鯵　　あじフライ　46
　　　冷や汁　48

鰹　　かつおのたたき　50

白身　白身魚のあっさり煮　52

素材のうまみを生かすため、
家庭料理ではだしは脇役です　54

第三章　卵　豆腐　55

卵　　卵焼き　56

豆腐　揚げ出し豆腐　58
　　　和風麻婆豆腐　60
　　　うの花　62

家庭料理の味つけは引き算。
うす口しょうゆがあればたくさんの調味料を使う
必要はありません　64

第四章 **野菜** 65

茄子　なすの揚げ煮　66
　　　なすの特製みそ炒め　68
　　　なすと煮干しのしょうゆ煮　70
　　　万能ねぎたっぷりのなすあえそば　71
　　　なすとクレソンのサラダ　71

里芋　里いもといかの煮もの　72

南瓜　かぼちゃの南蛮煮　74

根菜　筑前煮　76

野菜　天ぷら　78
　　　かき揚げ　80
　　　ごまあえ　82
　　　　ほうれん草のごまあえ
　　　　いんげんのごまあえ
　　　万能薬味ミックス　84
　　　豚しょうが焼き薬味のせ　84
　　　薬味たっぷりとり肉のソテー　86
　　　牛しゃぶの薬味巻き　86
　　　3度おいしい卵かけご飯　87
　　　薬味入りお焼き　87
　　　冷やしおでん　88
　　　　合わせ薬味
　　　簡単ぬか漬け　90

うますぎないうまみを持つ発酵食品は、
家庭料理にもっともっと取り入れたいものです　92

第五章 **米** 93

米　　豆ご飯　94
　　　とり五目ご飯　96
　　　豚肉とさつまいもの炊き込みご飯　98
　　　焼きさばとしょうがの炊き込みご飯　98
　　　栗おこわ　100
　　　鯛めし　102
　　　たけのこご飯　104
　　　和風カレーライス　106
　　　うな丼　108

季節　雑煮　110
　　　太巻きずし　112
　　　いなりずし　114

白いご飯とおむすび。
家庭で簡単に、おいしく作るには
フライパン炊きもおすすめ　116

おいしいご飯が炊けたら
日本一おいしいおむすびを作ろう。
茶碗を使い、ふんわりと　118

料理を始める前に

◎大さじ1 = 15㎖、小さじ1 = 5㎖、1カップ = 200㎖、1合 = 180㎖です。

◎火加減は特に表記がない限り、中火を表します。

◎野菜は特に表記がない限り、皮をむいて使っています。

◎レシピ内で使用している油は、特に表記がない限り、サラダ油を表します。

基本のポイント

ページ内の基本のポイントマークは、そのレシピで最もおさえておきたい

ポイントを表していますので、参考にしてください。

Staff

ブックデザイン　中村善郎 (yen)

撮影　湯浅哲夫

　　　ローラン麻奈、キッチンミノル、福尾美雪、福岡拓、邑口京一郎

スタイリング　久保原恵理

校正　麦秋アートセンター

本書は2018年9月、小社より刊行された単行本に加筆修正のうえ

再編集したものです。

第一章

家庭で扱いやすい豚肉、とり肉、牛肉、
ひき肉を使った毎日でも食べたい肉料理。
どれも簡単にできるものばかりですが、
うまみを逃さず、
すっきりとした味に仕上げるためには
基本のポイントをおさえて作ってください。

豚

豚肉のしょうが焼き

ソテー用肉で作るから
ボリュームたっぷりで
濃厚なうまみが味わえる！

ソテー用肉は 弱めの中火で焼く と
やわらかくジューシーに仕上がります

肉は強火で焼くのが鉄則と思われがちですが、豚ソテー用肉は、強火で焼くと身がしまり、かたくなったり、パサつきの原因になります。フライパンに油をひいたら、火にかける前に肉を並べ、弱めの中火で焼くのがコツ。肉にストレスがかかることなく中心まで熱が伝わるので、口当たりがやわらかく、ジューシーに仕上がります。

材料（2人分）
豚ロースソテー用肉
　…2枚（約200g）
キャベツ…1/4個
セロリ（葉つき）…1/3本
しょうが…小1かけ
ライムのくし形切り…2切れ
A［しょうゆ、酒、みりん
　…各大さじ2］
塩…少々
サラダ油…大さじ1

1 キャベツはせん切りにする。セロリは3cm長さに切って縦薄切りにする。セロリの葉4〜5枚も粗みじん切りにし、セロリと混ぜる。

2 豚肉は赤身と脂身の間にある筋を切る。肉の両面に塩をふって約15分おいてから、水でさっと洗って表面の塩を落とし、ペーパータオルで水けをふく。Aは混ぜ合わせる。

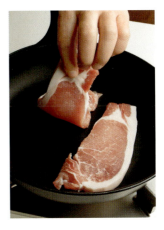

3 基本のポイント
フライパンに油をひき、1の豚肉を並べ入れて弱めの中火にかける。

4 約3分焼き、肉の厚みの半分くらいまで火が通って色が白く変わったら、裏返してさらに約2分30秒焼く。

5 Aを加えて強火にし、煮立ったらしょうがをすりおろして加え、軽く混ぜて豚肉をいったん取り出す。中火にしてフライパンのたれを煮詰め、少しとろみがついたら豚肉を戻し入れてさっとからめる。

6 豚肉を食べやすい大きさに切って器に盛り、キャベツ、セロリ、ライムを添える。

豚の角煮

あっさり味の煮汁で
凝縮した豚肉の
おいしさを味わう

豚肉のおいしさを引き出す 秘訣は、おから 。
これで、やわらかく、上品な角煮が完成

豚肉を下ゆでするときに、おからを加えるのがポイント。おから入りの湯でゆでると、
肉にじんわり火が通るので、身がしまってかたくなることがありません。
また、おからが豚肉のうまみを閉じ込め、余分な脂を吸い取る役割も。しょうがをきかせた
あっさり味の煮汁で煮れば、肉のうまみが引き立つ、後味のよい一品に仕上がります。

材料（作りやすい分量・3〜4人分）
豚バラかたまり肉
　（350〜400gのもの）…2本
おから…150g
にんじん…小1本
しいたけ…4枚
しょうがの薄切り…2かけ分
A ┌ 酒、しょうゆ、みりん
　│　　…各½カップ
　│ 砂糖…50g
　└ 水…3½カップ
絹さや…3〜4枚
練りがらし…適量

1
フライパンに油をひかずに、豚肉の脂身を下にして入れ、強火にかける。途中、向きを変えながら、表面にしっかり焼き色をつける（焼き色をつけることで、風味がよくなり、うまみがさらに逃げにくくなる）。取り出して熱湯にさっとくぐらせ、表面の脂や汚れを落として湯をきる。

2 基本のポイント
鍋に水1.5ℓ、**1**の豚肉、おからを入れて火にかける。煮立ったらふつふつするくらいに火を弱め、約1時間ゆでる（途中、湯が足りなくなったら水を足す）。

3
2の豚肉を取り出して鍋を洗い、もう一度、豚肉とかぶるくらいの水を入れて火にかける。煮立ったらざるにあけておからを落とし、3〜4cm角に切る。

4
にんじんは5cm長さに切って四つ割りにする。しいたけは軸を落とす。小鍋に湯を沸かし、にんじんを約1分ゆでて取り出す。しいたけは同じ湯にさっとくぐらせて湯をきる。

5
鍋にAと**3**の豚肉を入れ、火にかける。煮立ったら弱めの中火にし、浮いた脂をすくって取り除きながら約15分煮る。**4**を加え、煮汁が半量になるまでさらに約15分煮る。仕上げにしょうがを加え、2〜3分煮る。

6
器に盛り、からしをのせ、彩りにさっとゆでた絹さやを添える。

肉じゃが

甘辛味＆
ホクホクのじゃがいもが
絶品の定番おかず

肉じゃがは 味を含めるのではなく 、からめるもの。
煮すぎるとおいしくありません

肉じゃがは、長く煮すぎると全体が調味料の味になり、肉や野菜そのもののおいしさが損なわれてしまいます。表面に煮汁がからみつつ、肉は肉、じゃがいもはじゃがいもの味がしてこそ、本当においしい肉じゃが。"霜降り"をして素材の雑味を除き、短時間煮て仕上げることが、おいしい肉じゃがへの近道です。

材料（2〜3人分）
豚バラ薄切り肉…200g
じゃがいも…3個
にんじん…1本
しらたき…1/2袋（100g）
さやいんげん…2〜3本
長ねぎの青い部分…1本分
A ┌ 酒…1/4カップ
  │ 砂糖…大さじ2 1/2
  │ しょうゆ…大さじ1
  └ 水…1 1/2カップ
塩…少々
しょうゆ…大さじ1

1 じゃがいもは一口大よりやや大きめに切る。にんじんは一口大の乱切りにする。豚肉は4cm幅に切る。しらたきは水をきって4cm長さに切る。いんげんは塩を入れた熱湯でゆで、食べやすい長さに切る。

2 基本のポイント
じゃがいも、にんじん、しらたきをざるに入れ、ざるごと沸騰した湯に入れる。再び煮立ってから約1分ゆでて取り出し、湯をきる。

3 基本のポイント
豚肉もざるに入れ、同じ沸騰した湯に入れて菜箸でほぐしながら湯にくぐらせる。色が変わったら取り出して冷水にとり、水をきる。

4 3の鍋の湯をあけ、A、2、ねぎを入れて強めの中火にかける。煮立ったら落としぶたをし、4〜5分煮る。

5 じゃがいもに八分ほど火が通り、煮汁が半分くらいに煮詰まったら3の豚肉を加え、再び落としぶたをして約2分煮る。

6 しょうゆを加え、鍋を軽くゆすって煮汁をからめながら、じゃがいもの表面が少し煮くずれるくらいまで煮る。器に盛り、いんげんをのせる。

豚の冷しゃぶ

オレンジ果汁入りの
手作りポン酢じょうゆが、
肉のうまみを引き立てる

豚肉をゆでるときは 煮立てないのが鉄則 。
これが、やわらかく仕上げるコツ

豚しゃぶの肉をゆでるときは、湯をグラグラ煮立ててはいけません。肉のたんぱく質は70℃で固まるので、沸騰した湯でゆでると火が通りすぎてかたくなってしまいます。鍋底から小さな泡が立つくらいの湯に約30秒くぐらせるのがコツ。これで、口当たりがやわらかくて肉のうまみも引き立つ、絶品の冷しゃぶになります。

材料（2人分）
豚ロースしゃぶしゃぶ用肉
　…200g
きゅうり…1本
長いも…4cm
にんじん…4cm
青じそ…10枚
A ┌ オレンジの搾り汁
　│　…大さじ1 1/3
　│ しょうゆ…大さじ4
　│ 酢…大さじ2 2/3
　└ ごま油…小さじ1

1 きゅうりは4cm長さに切って縦細切りにする。長いも、にんじんもきゅうりと同じ大きさの細切りにし、すべてをざっと混ぜ合わせる。しそはせん切りにする。Aは混ぜ合わせてポン酢じょうゆを作る。

2 基本のポイント
鍋にたっぷりの水を入れて火にかける。湯が65～70℃（鍋底から小さい泡が立ち始めるくらい）になったら弱火にし、豚肉を1枚ずつ入れて約30秒、肉の色が変わるまでゆでる。

3 豚肉を水にとり、さめたらすぐに取り出してペーパータオルで押さえ、水をきる（氷水にとると豚肉の脂が固まって口当たりが悪くなるので、水にとる）。

4 豚肉と、1のきゅうり、長いも、にんじんを1/3量くらいずつ交互に重ねるようにして、皿に盛りつける。しそをのせ、ポン酢じょうゆをかける。

煮豚

豚肉ひとつでできる
こくうまごちそうメニュー

豚バラ肉に、多めの塩をまぶして20分。
これで、肉のうまみが凝縮した極上の煮豚に

赤身と脂身が調和した、豚バラ肉のおいしさを実感できるのが、この煮豚。
ポイントは、肉に多めの塩をふってしばらくおくこと。
塩によって余分な水分が抜けるので、赤身のうまみが凝縮し、
脂身は身が程よくしまってプリッと弾力のある口当たりに仕上がります。

材料（2〜3人分）
豚バラかたまり肉…300〜350g
長ねぎの青い部分…1本分
レタスのせん切り…適量
A ┌ 砂糖…30g
　│ しょうゆ…大さじ1/2
　│ 酒…1/2カップ
　└ 水…1カップ
B ┌ トマトケチャップ…大さじ1
　└ しょうゆ…小さじ1
塩…大さじ2
サラダ油…少々
練りがらし…適量

1 基本のポイント
豚肉はたこ糸を1〜1.5cm間隔でぐるぐると巻き、巻き終わりを結ぶ。塩を全体にまぶし、約20分おく。水で洗って塩を落とし、ペーパータオルで水けをふく。

2 フライパンに薄く油をひいて熱し、豚肉を入れて時々転がしながら強火で焼く。全体にこんがり焼き色がついたら取り出す。

3 鍋に湯を沸かして2を入れ、1〜2分ゆでて余分な脂とアクを除き、取り出して湯をきる。

4 鍋をきれいにして豚肉を戻し、Aを加えて火にかける。煮立ったらアクを除いてねぎを入れ、落としぶたをして10〜15分煮る。

5 煮汁の量が半分くらいになり、大きな泡が立ってきたら、ねぎを取り出す。豚肉が煮汁にひたるように鍋を少し傾けてBを加え、煮汁にとろみがつくまでさらに煮る。

6 粗熱がとれたらたこ糸をはずし、7〜8mm厚さに切る。器に盛り、残った煮汁をかけ、レタスとからしを添える。

豚汁

素材のうまみを生かせば
おなじみの汁ものが
もっとおいしい！

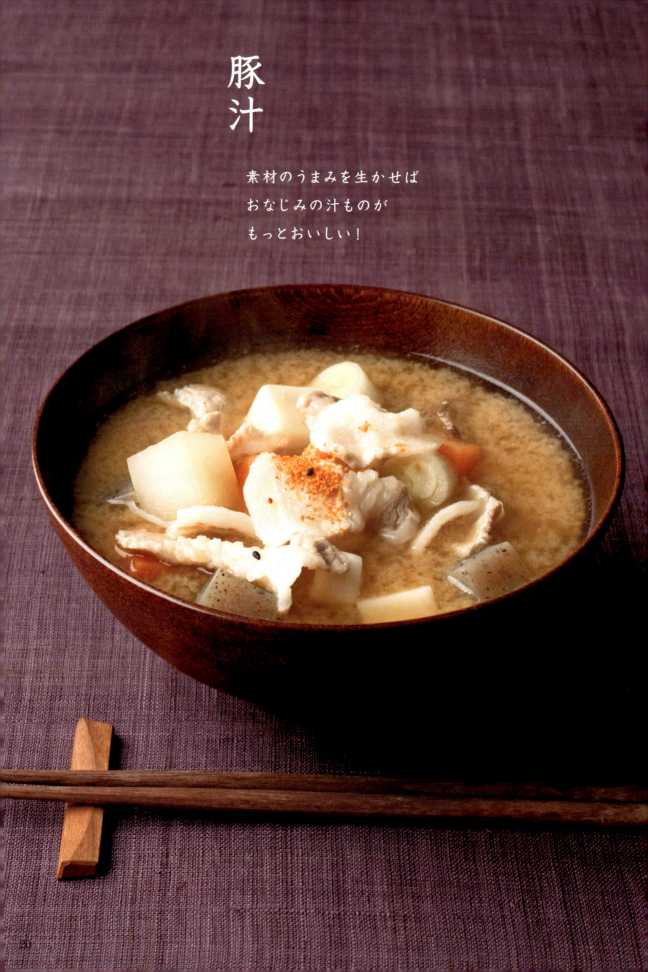

豚汁に だしはいりません 。
豚肉と野菜がもつうまみと、みそで、充分おいしく仕上がります

豚肉はもちろん、ごぼう、大根などの野菜やこんにゃくからもうまみが出ます。
発酵調味料であるみそも、うまみの宝庫。さらにうまみを加えるのではなく、
素材のうまみを生かすことが大切。肉や野菜をさっと湯にくぐらせる"霜降り"をすれば、
余分な脂や雑味がとれ、だしがなくてもおいしい豚汁に仕上がります。

材料（2〜3人分）
豚バラ薄切り肉…100g
ごぼう…10cm
大根…2cm
にんじん…1/4本
里いも…1個
こんにゃく…1/4枚
長ねぎ…1/2本
長ねぎの青い部分…1本分
水…2 1/2カップ
みそ…大さじ3 1/2〜4
七味とうがらし…少々

1 豚肉は3cm幅に切る。ごぼうは皮を洗って1cm幅の小口切りにする。大根、にんじん、里いも、こんにゃくは1.5cm角くらいに切る。ねぎは1cm幅の小口切りにする。

2 基本のポイント
ねぎ以外の野菜とこんにゃくをざるに入れ、ざるごと沸騰した湯にひたして2分ゆで、取り出して湯をきる。

3 豚肉をざるに入れ、**2**と同じ沸騰した湯に浸し、菜箸でほぐしながらゆで、色が変わったら、ざるごと引き上げて冷水にとり、水をきる。

4 鍋をきれいにし、**2**と分量の水を入れて火にかける。煮立ったらねぎの青い部分を加え、アクを除きながら4〜5分、野菜に八分通り火が通るまで煮る。

5 みそ大さじ1を溶き入れて豚肉も加え、野菜がやわらかくなるまで2〜3分煮る。

6 ねぎの青い部分を取り出し、残りのみそを溶き入れる。**1**のねぎも加えてひと煮立ちさせる（みそは長く煮ると風味が飛ぶので、野菜を煮るときと、仕上げの2回に分けて加える）。器に盛り、七味をふる。

鶏

とりのから揚げ

しっかりしょうゆ味で
こうばしく仕上げ、
食欲をそそる一品に

2分揚げ、3分余熱で火を通し、仕上げに1分揚げる。
これで外はカリッ、中はジューシーに！

から揚げをおいしく仕上げるコツは二度揚げ。揚げている途中で肉をいったん取り出し、余熱で火を通します。こうすると肉にじんわりと熱が伝わるので、身がかたくならず、肉汁も逃げません。仕上げにもう一度さっと揚げて表面の水分をとばせば、ころもはカリッ、中は驚くほどやわらかく、ジューシーなとりのから揚げの完成です。

材料（2人分）
とりもも肉…小2枚（約400g）
A ┌ おろししょうが…小さじ1
　├ おろしにんにく…小さじ1/2
　├ しょうゆ…大さじ3
　└ 酒…大さじ1
長ねぎ…10cm
にんじん（細い部分）…5cm
きゅうり…1/3本
レモンのくし形切り…1切れ
小麦粉…適量
揚げ油…適量

1 とり肉は1枚を8等分に切る。ボウルに入れてAを加え、手でしっかりともみ込む。ペーパータオルで押さえて肉の汁をふき取り、小麦粉を薄くまぶす。

2 基本のポイント
揚げ油を中温（約170℃）に熱し、**1**を入れる。約2分揚げ、うすく色づいたらバットに取り出して油をきり、そのまま約3分おく。

3 揚げ油を高温（約180℃）にし、**2**のとり肉を入れて約1分揚げる。ころもがカラリとしたら取り出す。

4 ねぎは長さを半分に切り、にんじん、きゅうりとともにごく細いせん切りにし、冷水にとって水をきる。**3**とともに器に盛り、レモンを添える。

とりのくわ焼き

牛の「すき焼き」に対し
鶏ならば「くわ焼き」。
間違いなくご飯が進む味

酒、みりん、しょうゆが 6：6：1のたれ で
照りよく、ふっくらとしたくわ焼きに

酒6：みりん6：しょうゆ1は、くわ焼きのたれの黄金比。
アルコール分が多く、水分が蒸発しやすいので、表面を焼いたとり肉に加えて
煮からめると、肉にちょうど火が通るころに、たれも煮詰まります。
照りよく、肉はふっくらやわらかい、絶品のくわ焼きが失敗なしで作れます。

材料（2人分）
とりもも肉…大1枚（約300g）
長ねぎ…2/3本
しいたけ…2枚
ししとうがらし…4本
A ┌ 酒、みりん…各大さじ2
　└ しょうゆ…小さじ1
小麦粉…適量
サラダ油…大さじ1

1　Aは混ぜ合わせる。ねぎは斜めに浅く切り目を入れ、4cm長さに切る。しいたけは軸を除く。ししとうは包丁の先で1カ所穴をあける。とり肉は7〜8mm厚さの一口大にそぎ切りにし、小麦粉を薄くまぶす。

2　フライパンに油を熱し、とり肉を入れて強火で焼く。こんがり焼き色がついたら裏返し、フライパンのあいたところにねぎ、しいたけを加えてさらに焼く。

3　とり肉の返した面にも焼き色がついたら、ペーパータオルでフライパンの油と焦げをふき取る。

基本のポイント
4　ししとう、Aを加え、汁けがほとんどなくなるまで1〜2分、煮からめる。ししとうは火が通ったら途中で取り出す。

5　器にとり肉を盛り、野菜を添える。

とりのパリパリ焼き

塩、こしょうの
シンプルな味つけで
驚くほどおいしい！

火にかける前にフライパンにとり肉を入れ、焼き始める。これで皮がパリパリに！

こうばしく焼けた皮目が魅力の一品。ポイントは、熱したフライパンに肉を入れるのではなく、フライパンに肉を入れてから、火にかけること。こうすると皮が焼き縮みせず、均一にパリパリに焼くことができます。皮目をじっくり焼くのもコツ。皮がクッションになって肉が蒸し焼き状態になるので、身はふっくら仕上がります。

材料（2人分）
とりもも肉…大1枚（約300g）
A ┌ 卵黄…1個分
　└ 大根おろし…大さじ2
レモン（厚めの半月切り）
　　　…1切れ
クレソン…2本
塩、こしょう…各少々
サラダ油…少々

1 とり肉は両面に塩、こしょうをふる。

基本のポイント

2 フライパンに薄く油をひき、とり肉を皮目から入れて、弱めの中火にかけて約10分焼く。

3 途中、肉から出てきた脂をペーパータオルでふき取り、とり肉の厚みの半分くらいまで火が通って色が白く変わったら、とり肉の上下を返す。

4 さらに、出てきた脂をふき取りながら約5分焼く。身の厚い部分に竹串を刺してみて、透明な汁が出たら焼き上がり。

5 食べやすい大きさに切って器に盛る。Aの大根おろしの汁けを絞り、卵黄を混ぜて黄身おろしを作る。レモンの皮を薄くむき、クレソンとともに添える。

ゆでどり

湯気が立つくらいの
火加減でゆでるだけで、
しっとりやわらかに

ゆでどり、ゆで豚、しゃぶしゃぶなど、ゆでた肉をシンプルに
食べる料理の場合、煮立たせないようにゆでるのがコツ

コツは、湯気が立つくらいの火加減でゆで、煮立たせないこと。
肉のたんぱく質は加熱すると固まりますが、高い温度で長く加熱すると、肉の繊維がしまって
ボソボソになります。"霜降り"をして表面を固め、水からゆでて低めの温度でじんわり火を通せば、
やわらかに。とり肉のだしが程よく出たゆで汁も、スープとして活用できます。

材料（2〜3人分）
とりもも肉…1枚（250〜300g）
あさつき（または万能ねぎ）の小口
　切り、もみじおろし…各適量
青じそ…1枚
昆布（10×10cm）…1枚
A ┌ しょうゆ…大さじ3
　│ 酢…大さじ2
　│ みかんの搾り汁…大さじ1
　│ ごま油…大さじ½
　└ 好みでみかんの果肉…適量

1 鍋に湯を沸かし、とり肉を入れて表面の色が変わる程度にゆで、冷水にとって表面をさっと洗う（霜降りにすることで、臭みや余分な脂が除かれ、うまみが閉じ込められる）。

基本のポイント

2 鍋の湯を捨て、1のとり肉、水5カップ、昆布を入れて火にかける。沸騰したら、ごく弱火にし、湯気が立つくらいの火加減で約25分ゆでる。途中、アクが出たら除く。

4 2がゆで上がったらとり肉とゆで汁に分け、ゆで汁はペーパータオルを敷いたざるでこす（煮立てないようにゆでることで、ゆで汁はうまみのあるスープになる。ラーメンのスープなどに使っても）。

5 とり肉を食べやすい大きさに切り、あさつき、しそ、もみじおろしとともに器に盛り合わせ、3のポン酢じょうゆを添える。

3 Aのみかんは粗くほぐし、ほかの材料と混ぜ合わせて、自家製ポン酢じょうゆを作る（みかんを加えると酸味がまろやかになる。オレンジなどでもよい）。

とりの水炊き

肉はしっとり、
煮汁は
コクありの絶品

とり肉と野菜を同時に鍋に入れ、
煮立てないように火を通すだけ で、うまみたっぷりに仕上がります

"霜降り"したとり肉を、水から火にかけ、グツグツさせずに弱火で煮るのがポイント。
とり肉を高い温度で長く加熱すると、肉の繊維がしまってかたくなるので、水から煮て、
じんわり火を通すことでやわらかくゆで上がり、煮汁にも肉の上品なうまみが出るのです。
自家製のポン酢じょうゆをかけて食べると素材のおいしさがさらに引き立ちます。

材料（2〜3人分）
とりもも肉…小2枚（約400g）
白菜…4〜5枚
長ねぎ…2本
しいたけ…4枚
あさつき（または万能ねぎ）の小口
　切り、もみじおろし…各適量
昆布（8×8cm）…1枚
A ┌ オレンジの搾り汁…大さじ2
　│ しょうゆ…60mℓ
　│ 酢…大さじ3
　└ ごま油…大さじ1

1 とり肉は1枚を8等分に切る。鍋に湯を沸かしてとり肉をさっとくぐらせ、表面の色が変わったら冷水にとり、表面を洗って水をきる。白菜の軸は一口大のそぎ切りに、葉はざく切りにする。ねぎは5cm長さに切って、細かく浅い切り目を入れる。しいたけは軸を除く。Aを混ぜ合わせてポン酢じょうゆを作る。

2 土鍋に昆布を敷いて1のとり肉と野菜を、すべて半量ずつのせる。水4カップを加え、ふたをして火にかける。

3 基本のポイント
沸騰してきたら、ごく弱火にし、小さな泡が立つくらいの火加減で5〜6分煮る。とり肉に火が通り、野菜がしんなりしたら出来上がり。器に取り分けてポン酢じょうゆ、あさつき、もみじおろしをかけて食べる。

4 土鍋の具がなくなったら煮汁に残りのとり肉と野菜を入れ、3と同様に煮る。

牛

ローストビーフ

香味野菜が
たっぷり入った
和風ソースでどうぞ！

オーブンいらず！ フライパンで蒸し焼きにすれば ジューシーでやわらかい絶品の味に

ローストビーフのおいしさは、肉の中心に火が通るか、通らないかの、絶妙な加減によって生まれます。この状態を上手に再現できるのがフライパン蒸し。少なめの煮汁を煮立てたフライパンに、表面だけ焼いた肉を入れて、蒸し焼きにすればOK。蒸気によって肉にじんわり熱がいきわたるので、失敗がありません。

材料（3〜4人分）
- 牛ももかたまり肉（5〜6cm厚さ）…400g
- 長ねぎのみじん切り…1本分
- 青じその粗みじん切り…10枚分
- A ┌ 酒…90ml
  └ しょうゆ、水…各大さじ4
- あれば水あめ…大さじ2
- B ┌ 大根おろし…½カップ
  │ 卵黄…1個分
  │ クレソン…4本
  │ 生わかめ（さっとゆでたもの）…80g
  └ すだち…½個
- 塩…小さじ½
- 粗びき黒こしょう…少々
- サラダ油…大さじ2

1 牛肉は室温に30分〜1時間おく（冷蔵庫から出したての冷たいままだと肉に火が通りにくい）。塩、こしょうをふり、20〜30分おく。鍋に湯を沸かし始める。

2 フライパンに油を熱し、1の牛肉を入れて強火で表面を焼く。途中、向きを変えながらすべての面を焼き、焼き色がついたら肉を取り出す。

3 1の沸騰した湯に2をさっとくぐらせ、塩と余分な油を除き、取り出して湯をきる。

4 基本のポイント
フライパンにAを入れて火にかけ、煮立ったらねぎ、しそを加えて1〜2分煮る。3の牛肉を加えて全体にさっと煮汁をからめ、ふたをしてごく弱火にし、約10分蒸し焼きにする。

5 牛肉をバットに取り出し、肉を落ち着かせる。フライパンの煮汁をそのまま火にかけ、煮詰める。少しとろみがついたら水あめを加えて火を止め、牛肉にかける。ペーパータオルをかぶせ、室温程度にさます。

6 牛肉を食べやすい厚さに切って皿に盛り、煮汁適量をかける。Bの大根おろしと卵黄を混ぜ合わせ、クレソン、わかめ、すだちとともに添える。

牛肉のしぐれ煮

しっかり甘辛味で
肉はふっくらの
人気常備菜

牛肉は煮すぎるとかたくなるもとに。
途中で取り出し、煮詰めた汁に戻します

しぐれ煮は、牛肉に煮汁がしっかりからむことでおいしく仕上がります。とはいえ、肉を煮汁の中で煮すぎると肉がかたくなり、うまみも抜けてしまいます。牛肉は、火が通ったらいったん取り出し、煮汁だけを煮詰めてから戻し入れると、しっかり甘辛味で、肉のおいしさも生きた一品になります。

材料（作りやすい分量・4人分）
牛切り落とし肉…500g
しょうがのせん切り…2かけ分
A ┌ 酒、水…各1¼カップ
  │ 砂糖…大さじ5
  └ みりん、しょうゆ…各½カップ
あれば水あめ…大さじ2

1 牛肉は大きいものは食べやすい大きさに切る。しょうがは水にさっとさらして水をきる。

2 鍋に湯を沸かし、牛肉をざるに入れて湯にくぐらせ、色が白く変わってきたら取り出して湯をきる。

3 2の鍋をきれいにし、Aと2の牛肉を入れて火にかける。煮立って牛肉に火が通ったら、牛肉だけを取り出す。

4 基本のポイント
3の鍋を火にかけ、煮汁を10〜15分煮詰める。煮汁が約⅕量になり、細かい泡が立つくらいになったら牛肉を戻し入れ、しょうがも加えて全体を混ぜる。

5 水あめを加えて手早くからめ、火を止める（水あめを加えると煮汁にとろみがついて、さらに肉にからみやすくなる）。

和風牛ステーキ

バターじょうゆが
そそる、箸で
食べる一皿

赤身の牛肉は、油分を補い、余熱を利用して焼くのがおいしく仕上げるコツ

リーズナブルな牛肉を絶品ステーキにするコツを紹介します。
赤身の肉は、うまみは濃いが、ジューシーさに欠けるので、バターでコクと風味を補うのがポイント。焼きすぎは肉がかたくなるもと。途中でいったん取り出し、余熱で火を通すとやわらかく仕上がります。

材料（2〜3人分）
牛ステーキ用肉
　（ロース、ももなどの赤身）
　…2枚（約250g）
牛脂…1かけ
　（またはサラダ油…大さじ1）
A ┬ 青じその細切り…5枚分
　├ バター…30g
　├ 酒…大さじ3
　└ しょうゆ…大さじ1
B ┬ サニーレタス…3〜4枚
　├ 長いも…2.5cm
　├ きゅうり…5cm
　├ にんじん…2.5cm
　└ 長ねぎ…5cm
塩、こしょう…各少々

1 牛肉は冷蔵庫から出して室温に約20分おく。Bの野菜はそれぞれ2.5cm長さの細切りにし、すべてをざっと合わせる。

2 フライパンに牛脂を入れて熱し、牛脂の表面が溶けてきたら、牛肉に塩、こしょうをふって入れる。強火にしてさっと焼き、ところどころ焼き色がついたら上下を返して裏面も同様に焼く。

3 Aをバター、酒、しょうゆ、青じその順に加え、肉を返しながら両面にさっとからめ、火を止める。

4 〔基本のポイント〕いったん肉を取り出して3〜4分おき、食べやすい大きさのそぎ切りにする。

5 たれが残ったフライパンを再び火にかけ、時々混ぜながらとろみがつくまで煮詰める。牛肉を戻し入れ、たれをさっとからめる。

6 皿に1の野菜と牛肉を盛り合わせ、たれをかける。

肉だんご

できたてはもちろん、
さめても
ふっくらおいしい！

挽肉

たねに、すりおろしたれんこんを混ぜる と ふっくら、もっちり、やみつきの食感に

肉だんごを揚げ、甘辛だれをからめたご飯にぴったりの一品。おいしさの秘密は、すりおろしたれんこんです。野菜によって肉がかたくなるのをおさえられ、できたてはもちろん、さめてもふっくらした食感に。特にれんこんにはでんぷん質が多いので、もっちり感も加わり、やみつきのおいしさに仕上がります。

材料（2人分）
A
- 合いびき肉…200g
- 卵…1個
- れんこんのすりおろし…70g
- うす口しょうゆ…小さじ2（またはしょうゆ大さじ1）
- 片栗粉…大さじ1

玉ねぎ…1/2個

B
- みりん…80ml
- 酒、水…各大さじ3
- しょうゆ…大さじ1

水溶き片栗粉
- 片栗粉…小さじ1
- 水…小さじ1

揚げ油…適量
練りがらし…適量

1 基本のポイント
ボウルにAをすべて入れ、粘りが出るまで練り混ぜてたねを作る（れんこんから出る水分も、つなぎになるので一緒に加える）。玉ねぎは縦薄切りにして水にさらし、水をきる。

2 揚げ油は中温（約170℃）に熱する。1のたねを直径約2cmのだんご状にし、揚げ油に落とし入れる。

3 5〜6分揚げてこんがり色づいたら、取り出して油をきる。

4 鍋にBと3を入れて強火にかけ、煮立ったら中火にし、汁をからめながら約1分煮る。仕上げに水溶き片栗粉を加えてとろみをつける。

5 器に1の玉ねぎと4を盛りつけ、からしを添える。

肉や魚、素材をおいしくする簡単なコツが

　霜降り　。

これ一つで家庭料理の味はがらりと変わります

　家庭料理をおいしく作るために大切なのは、味をあれこれ加えるのではなく、素材が持つおいしさをできるだけ生かすことです。そして素材の持ち味を引き出すために、ぜひ実践してほしいのが「霜降り」。霜降りとは、肉や魚を、表面の色が白っぽくなる程度に、熱湯にさっとくぐらせること。こうすると表面のアクや汚れ、余分な脂や臭みを取り除くことができます。場合によっては、さらに冷水にとって洗うことも。肉や魚に火が通りすぎるのを防ぐときや、アクなどをより丁寧に取り除くときに用います。

　また、この霜降りは野菜の料理にも有効です。中まで火を通すのではなく表面を洗うようにさっと湯にくぐらせます。野菜も、霜降りをすることでアクや雑味が抜け、甘みやうまみがぐっと引き立ちます。この手法は、特に煮ものや汁ものを作るときに効果的。肉じゃが（12ページ）や豚汁（18ページ）、煮魚（40、42、50ページ）といった料理が、しつこさや臭みの残らない、すっきりしたおいしさに仕上がります。水炊き（28ページ）のような、本当にシンプルな鍋ものも、素材だけの味でおいしく仕上がります。

第二章

健康のためにも、もっと魚を食べたい、
でも、家庭で調理するのは難しそう、
という方にこそ作っていただきたい魚料理。
切り身魚を中心に、干ものやあらなど
手に取りやすい素材でおいしくできるコツを
わかりやすく解説しています。

さばのみそ煮

とろみのある煮汁
さば本来のうまみ
その両方が味わえる

鯖

とにかく煮すぎは禁物。
5分も煮たら、煮汁に片栗粉でとろみをつければ 完成

煮魚はじっくり煮て味を含ませるものと思いがちですが、長く煮ると
身がパサついてしまいます。さばなら5分煮ればOK。片栗粉でとろみをつければ
煮汁がふっくらした身によくからみ、魚本来のうまみとみそのコクが楽しめます。
塩をふってさっと湯にくぐらせてから煮ると、うまみが凝縮し、臭みも残りません。

材料（2人分）
さば（半身）…1枚
ブロッコリー…¼個
A ┌ 酒、水…各½カップ
　├ みそ…大さじ3
　├ 砂糖…大さじ2
　└ 酢…大さじ1
しょうがの薄切り…3〜4枚
水溶き片栗粉
　┌ 片栗粉…小さじ1
　└ 水…小さじ1
塩…適量

1　さばは半分に切って皮目に十字に切り目を入れ、両面に塩少々をふり、10分おく。

2　鍋に湯を沸かし、1をさっとくぐらせ、表面の色が白くなったら冷水にとる。取り出して、ペーパータオルで軽く押さえて水けをふく。

3　ブロッコリーは小房に分け、さっと塩ゆでする。

4　鍋にAを入れて混ぜ合わせ、さばを入れて火にかける。煮立ったら落としぶたをし、約5分煮て、しょうがを加える。

5　**基本のポイント**
再び煮立ったら、様子をみながら水溶き片栗粉を加えて煮汁にとろみをつけ、火を止める。

6　5のさばを器に盛り、煮汁適量をかけ、3を添える。

ぶりのあら煮

ふっくらした身にからむ
甘辛味の煮汁は
ソースのよう

鰤

煮汁がソースのようにからみ、身はふっくら。

酒を多めに加えて、短時間で煮ます

魚を弱い火加減で長く煮ると、味がしみ込むどころか生臭みが残り、うまみが煮汁に流れ出てしまいます。煮汁を煮立てながら短時間で煮れば、生臭みはとび、うまみは閉じ込められます。水に比べて蒸発しやすい酒を多めに加えると、煮汁が早く煮詰まって身はやわらかく煮くずれしにくくなり、煮汁がソースのようにからみます。

材料（2～3人分）
ぶりのあら…400g
ごぼう…1/2本
しいたけ…4枚
春菊…2本
A 酒…1 1/2カップ
    水…1 1/2カップ
砂糖…大さじ2
しょうゆ…大さじ1 1/3
みりん…小さじ1

1 ぶりのあらは6～7cm四方に切ってざるに入れ、沸騰した湯にざるごと入れてさっとゆでる。このひと手間（霜降り）で、汚れや臭みがとれ、うまみが引き立つ。

2 ぶりの表面の色が変わったら冷水にとり、うろこや血合いなどを指でこすって洗い、ペーパータオルで水けをふき取る。

3 ごぼうは4cm長さに切り、縦半分に切る。しいたけは軸を除く。

4 基本のポイント
鍋に2、3とAを入れて火にかける。煮立ったらアクを除いて砂糖を加え、落としぶたをして約5分煮る。しょうゆ大さじ1を加え、再び5～6分煮る。

5 煮汁が約半量になったら、残りのしょうゆとみりんを加える。玉じゃくしで煮汁をすくってぶりにかけながら、さらに3～4分、煮汁が少なくなって照りが出るまで煮て、粗熱をとる。

6 春菊は沸騰した湯でゆでて水にとり、水けを絞って3cm長さに切る。器に5と盛り合わせ、好みでゆずの皮のせん切りをのせる。

あじフライ

さくっと軽いころもで
ふんわりした身の
おいしさ引き立つ

鯵

あじは高めの温度の油でさっと揚げて。
ころもを細かくする のもポイント

あじのような火が通りやすい魚をフライにするときは、ころものパン粉をざるで細かくこします。
こうすると、短時間でさくっと揚がるので、身に火が通りすぎることなく、
素材のおいしさが損なわれません。揚げ油の温度はやや高めにして、さっと揚げます。
しょうがじょうゆなら、よりさっぱりと食べられます。

材料（2人分）
あじ（背開きにしたもの）…4尾
A ┌ 溶き卵…1個分
　│ 小麦粉…適量
　└ パン粉…1½カップ
レタス…¼個
クレソン…3〜4本
トマト…½個
おろししょうが…小さじ2
塩、こしょう…各少々
揚げ油…適量
しょうゆ…適量

1 **基本のポイント**
Aのパン粉はざるでこして細かくする。このひと手間で揚げ時間が短くなり、さくっとした軽い揚げ上がりになる。

2 レタスは食べやすい大きさに切る。クレソンは葉を摘み取り、茎は4〜5cm長さに切る。トマトは4等分のくし形に切って横半分に切る。

3 あじに塩、こしょうで下味をつける。時間がたつとしょっぱくなり、揚げたときに塩けが立つので、揚げる直前にふる。続けてAのころもの小麦粉を薄くまぶし、溶き卵、パン粉の順につける。

4 揚げ油を高めの中温（約175℃）に熱して3のあじを入れる。きつね色になるまで2〜3分揚げ、取り出して油をきる。

5 2の野菜をざっと混ぜ、あじとともに皿に盛る。おろししょうがとしょうゆを添える。

冷や汁

手軽だけど本格味
食欲のない日も
箸が進む

うまみが凝縮し、塩けもあるあじの干もの 。
みそを加えるだけで、おいしい冷や汁に

あじの干ものをさっと焼くだけで、こうばしくてうまみたっぷりの
"冷や汁の素"が出来上がり。あとは水にみそを溶いたものに混ぜるだけでOK。
だし汁はいりません。ほぐしたあじや豆腐でボリュームを出し、
ごまやしその香りをアクセントにきかせると、食欲がない日にもおいしく食べられます。

材料（2〜3人分）
あじの干もの…1枚
もめん豆腐…½丁
きゅうり…1本
青じそ…5枚
温かいご飯…適量
白いりごま…40g
みそ…50g
塩…少々

1 熱湯2カップにみそを溶く。粗熱がとれたら、冷蔵庫に入れて冷やす。

2 **基本のポイント**
あじの干ものは魚焼きグリルで焼いて骨と皮を除き、身を食べやすい大きさにほぐす。

3 きゅうりは薄い小口切りにしてボウルに入れ、塩をふってもみ、しんなりしたら水けを絞る。しそはせん切りにして水にさらし、水をきる。豆腐はペーパータオルで表面の水けをふく。

4 フライパンにごまを入れ、香りが立つまで弱火でいる。

5 すり鉢に移し、少し粒が残る程度にすりこ木で半ずりにする。**1**を2〜3回に分けて加え、そのつどすりこ木で混ぜる。

6 **5**に**2**と**3**のきゅうり、しそを加え、豆腐を一口大にちぎって加えて器に盛る。茶碗にご飯を盛り、冷や汁をかけて食べる。

かつおのたたき

秋の戻りがつおを
自家製の
ポン酢じょうゆで

鰹

かつおの表面を焼いたら水にとらず、切り口に酢を。香りもうまみも逃がしません

かつおの表面を焼く利点は、脂が溶けてまろやかなうまみになることと、こうばしい風味が加わることです。その後冷水にとると、溶けた脂は固まり、こうばしさも半減。作りたてを食べられる家庭では、冷水で冷やさずに食べるのが断然おすすめです。切り口に酢をかけるのもポイント。このひと手間で、たれがなじみやすくなります。

材料（2〜3人分）
かつお（皮つき）…1さく（約300g）
青じそのせん切り…3枚分
みょうがの小口切り…1個分
わけぎの小口切り…2本分
A ┌ オレンジの搾り汁…大さじ2
　├ しょうゆ…大さじ4
　├ 酢…大さじ3
　└ ごま油…大さじ1
B ┌ 大根おろし…½カップ
　└ 一味とうがらし…小さじ½
小麦粉…適量
サラダ油…少々
酢…大さじ½

1 しそ、みょうが、わけぎは水にさらして水をきる。Aを合わせてポン酢じょうゆを作る。Bの大根おろしは汁けを軽くきり、一味を混ぜる。

2 かつおは長さを半分に切る。ペーパータオルで押さえて表面の水けをふき、皮目に小麦粉を薄くまぶす。こうすると、フライパンで焼いたとき表面がこうばしく焼き上がる。

3 フライパンに油を薄くひいて強火で熱し、**2**を皮目を下にして入れる。こんがり焼き色がついたら転がして焼き、身の面にもうすく焼き色がついたら、ペーパータオルに取り出して余分な油をきる。

4 まだ熱いうちに、まん中に切り目を1本入れながら、食べやすい大きさに切る。こうすると食べ応えが出て、たれもからみやすくなる。

5 【基本のポイント】**4**に酢をまんべんなくふりかけ、指で軽くたたいてなじませる。

6 **5**を器に盛り、**1**のしそ、みょうが、わけぎ、Bをのせ、Aをかける。

白身魚のあっさり煮

身はふっくらやわらか、
煮汁もおいしい
あっさり煮魚

白身

煮汁と、霜降りした魚を同時に鍋に入れ、火にかけて煮る。
魚に徐々に火が通るので、ふっくらとした煮魚に

煮魚は、煮立てた煮汁に魚を加えるのが鉄則と思いがちですが、そうではありません。
煮汁の材料と"霜降り"した魚を同時に鍋に入れ、火にかける方法なら、徐々に熱が入り、
ふっくら、上品な仕上がりに。煮る時間は、煮立ってから1分。
火を止め、あとは余熱で火を通します。程よくうまみがしみ出た煮汁もおいしい。

材料（2人分）
鯛（またはさわら、金目鯛など好みの
　白身魚）…2切れ（約160g）
絹ごし豆腐…¼丁
しいたけ…2枚
長ねぎ…20cm
A ┬ 水…2カップ
　├ うす口しょうゆ…大さじ2弱
　│　（またはしょうゆ大さじ2⅔）
　└ 酒…大さじ2弱
塩…少々

1 鯛は両面に塩をふって約20分おく（こうすることで、余分な水分が出る。また、塩によって味の道ができ、煮汁がしみ込みやすくなる）。

2 沸騰した湯にさっとくぐらせ、表面の色が白く変わったら冷水にとる（霜降りにすることで生臭みが取り除かれ、表面が固まるので、煮くずれしにくくなる）。ペーパータオルで押さえて水けをふく。

3 しいたけは軸を除いて**2**と同じ湯にさっとくぐらせ、取り出して湯をきる。ねぎは長さを4等分に切り、片面に5mm間隔に浅く切り目を入れる。豆腐は縦半分に切り、ペーパータオルで水けをふく。

4 基本のポイント
鍋にAを入れ、**2**、**3**を入れて火にかける。煮立ったら弱めの中火にして約1分煮て火を止め、そのまま1分おいて余熱で火を通す。

5 器に盛り、好みで彩りに木の芽を添えても。

素材のうまみを生かすため、
家庭料理では だし は脇役です

「だし」は家庭料理の基本のように思われがちですが、そうではありません。店ではたくさんのお客様にいつでも一定の料理を出すためにだしを使いますが、家庭料理ではその必要はありません。店の料理も、以前はあらかじめだしをとって準備をしていましたが、家庭料理の「作りたて」のおいしさをより一層感じるようになってからは、一度にだしをとることはやめ、使うそのつどとるように、工程を変えました。

肉、魚、野菜といった素材が持つうまみ、しょうゆ、みそといった発酵調味料に含まれるうまみを生かせば、だしがなくても充分おいしく仕上がるのです。本書でも、多くの料理でだしを使わず、素材の味を生かして作っています。また、だしを使う場合も、それが脇役であることを忘れないでください。だしが濃い＝おいしいわけではありません。だしが濃いと、それに負けないように調味料の量を増やすことになり、結局は、素材が本来持っている味わいを損ねてしまうのです。

だしのとり方として私が家庭でおすすめするのは、80℃の湯1ℓに、昆布1枚、削りがつお10〜15gを入れて1分待つだけの方法。こうして煮出さずにとっただしには、雑味のないすっきりとしたうまみがあり、主役の素材のおいしさを補って、料理に深みを出してくれます。

第三章

卵 豆腐

価格が安定していて、
家庭料理には欠かせない卵や豆腐。
毎日でも食べたいこの2素材を
シンプルにおいしく食べるコツを伝授します。

卵

卵焼き

卵の味わいを生かした、
ふっくらだし巻き卵風

卵3個に対して水¼カップ。
だし巻き卵に だし汁は必要ありません

だし巻き風のふっくら、やわらかい卵焼き。
でもわざわざだし汁を使う必要はありません。卵3個に対して¼カップの水を混ぜればOK。
そのほうが卵がもつおいしさが味わえる一品に仕上がります。

材料（2〜3人分）
卵…3個
水…¼カップ
A ┌ 砂糖…大さじ1
　└ しょうゆ…小さじ1
サラダ油…適量
大根おろし、しょうゆ
　…各適量

1 基本のポイント
ボウルに卵を入れて菜箸で軽く溶きほぐし、水を加えてさらに溶き、Aを加えて混ぜ合わせる。

2 卵焼き器に多めの油を入れて火にかけ、よく熱する。油をあけ、卵焼き器の底を、きつく絞ったぬれぶきんに当てて、いったん温度を下げる。

3 卵焼き器を再び火にかけて熱し、1を玉じゃくしに軽く1杯分流し入れる。気泡ができたら菜箸でつぶし、半熟状に固まったら奥から手前に卵を巻く。

＊卵焼き器を高く持ち上げ、下に落とすようにしながら卵を返すと返しやすい。

4 あいたところにペーパータオルで薄く油をひき、巻いた卵を奥へずらし、手前のあいたところにも薄く油をひく。

5 1を玉じゃくしに軽く1杯分流し入れる。巻いた卵を持ち上げて、下にも卵液を流し入れ、半熟状に固まったら再び手前に向かって巻く。同様に、油をひきながら残りも焼く。最後は卵液の量を少なめにし、弱火で焼くと表面がきれいに。

6 取り出して、熱いうちに巻きすで巻いて形を整える。食べやすい大きさに切って器に盛る。大根おろしの汁を軽くきり、しょうゆであえて添える。

57

揚げ出し豆腐

軽い口当たりの豆腐にかつお風味のつゆがからむ

豆腐

豆腐の水分はおいしさの素。
水きりは巻きすに5分おく だけでOK

おいしく作るコツは豆腐を"水きりしすぎない"こと。豆腐の水分にはうまみがあり、水きりしすぎるとうまみまで抜けて滑らかな口当たりも損なわれます。ころもがつきすぎない程度に表面の水分がきれればよいので、ペーパータオルを敷いた巻きすに豆腐を5分おけばOK。片栗粉は薄くまぶすと油がはねずサクッと揚がります。

材料（2人分）
もめん豆腐…1丁
なす…1個
かぼちゃ…1/16個
大根おろし…4cm分
おろししょうが…小1かけ分
A ┌ 削りがつお…5g
  │ だし汁…240ml
  │ しょうゆ、みりん
  └ …各大さじ2 1/3
片栗粉…適量
揚げ油…適量

1 なすは縦半分、横3cm幅に切り、縦に5mm間隔で浅く切り目を入れる。かぼちゃは5mm厚さのくし形、豆腐は縦半分、横4等分に切る。

2 基本のポイント
1の豆腐を、ペーパータオルを敷いた巻きすにのせ、約5分おいて軽く水をきる。

3 鍋にAを入れて火にかける。煮立ったら弱火にして約30秒煮て、ペーパータオルを敷いたざるでこし、つゆを鍋に戻す。

4 豆腐の表面に片栗粉を薄くまぶす。片栗粉をはけにつけ、豆腐に軽くたたきつけるようにするとよい。

5 揚げ油を中温（約170℃）に熱して**4**を入れ、浮き上がって表面がカリッとしたら取り出し、油をきる。続けてかぼちゃ、なすも素揚げする。

6 **5**を器に盛って大根おろしとしょうがをのせ、あつあつの**3**をかける。好みで三つ葉のざく切りを散らす。

和風麻婆豆腐

4種の薬味野菜で人気メニューが手軽に深い味わいに

特別な調味料は必要なし。
4種の薬味野菜 で複雑なうまみが生まれます

特別な調味料がなくても作れる、風味豊かな一品です。ポイントはたっぷりの薬味野菜。
長ねぎ、しょうが、みょうが、青じそなど和食でおなじみの野菜を使います。
数種類の薬味野菜を組み合わせることで、香り、辛み、苦みなどが調和し、複雑なうまみに。
七味とうがらしを加え、あっさりしつつ深みのある麻婆豆腐が完成です。

材料（2〜3人分）
豚ひき肉…100g
絹ごし豆腐…1丁
しょうが…2かけ
みょうが…1個
長ねぎ…10cm
青じそ…3枚
A ┏ だし汁…240ml
　┃ うす口しょうゆ（または
　┃ 　しょうゆ）…大さじ2
　┗ みりん…大さじ2
水溶き片栗粉
　┏ 片栗粉…小さじ2
　┗ 水…小さじ2
七味とうがらし…小さじ1/2〜1

1　しょうがはみじん切りに、みょうがは縦半分に切って小口切りにし、それぞれさっと水にさらしてペーパータオルで押さえ、水けをふく。ねぎは粗みじん切りに、しそは横せん切りにする。

2　ひき肉をざるに入れ、菜箸でほぐしながらざるごと熱湯にくぐらせる。肉の色が変わったら取り出し、湯をきる。こうすると余分な脂やアクが抜け、豆腐や薬味野菜のうまみが際立つ。

3　2の鍋をさっと洗ってAを入れ、火にかける。温まってきたら2を加える。

4　豆腐を一口大にちぎって加え、1〜2分煮る。こうすると表面に凹凸ができて麻婆あんがからみやすくなる。

5　**基本のポイント**
七味と、1の薬味野菜を入れて大きく混ぜ合わせる。

6　仕上げに水溶き片栗粉を回し入れ、とろみをつける。

うの花

あさりのゆで汁で
深みのあるおいしさに

たっぷり野菜で作る、ヘルシーうの花。
あさりのゆで汁で煮ると うまみ豊かに

おからで作る定番の煮もの、うの花。おからにはたんぱく質が豆腐と同じくらい含まれ、食物繊維も豊富です。淡泊な味のおからは、強いうまみとコクのあるあさりのゆで汁で煮ると、味がぼやけず、おいしく仕上がります。あさりの身は煮すぎると縮むため、はじめにあさりをゆで、うまみが出たゆで汁で煮るのがポイントです。

材料（2人分）
あさり（砂抜き）…400g
おから…200g
芽ひじき（乾燥）…大さじ2
ごぼう…15cm
にんじん…1/3本
ゆでたけのこ…1/2個（約50g）
長ねぎの小口切り…1本分
サラダ油…大さじ1
うす口しょうゆ…大さじ2
　（またはしょうゆ大さじ2 1/3）
砂糖…大さじ1

1 【基本のポイント】
鍋にあさりと水2 1/2カップを入れて火にかける。煮立ったらアクを除き、あさりの口があいたら、ざるでこしてあさりとゆで汁に分ける。あさりは身を取り出す。

2 ひじきは洗い、水にひたしてもどし、水をきる。ごぼうは皮をよく洗い、3mm厚さの小口切りにし、水にさらして水をきる。にんじんは3mm厚さ、たけのこは7mm厚さのいちょう切りにする。

3 鍋に油を熱して2を炒める。しんなりしたらおからを加え、ほぐれるまで軽く炒める。

4 あさりのゆで汁、うす口しょうゆ、砂糖を加え、木べらで底から混ぜながら約3分煮る。

5 ねぎ、あさりを加え、煮汁が鍋底に少し残るくらいになるまで炒め合わせる。

家庭料理の味つけは引き算。
うす口しょうゆ があれば
たくさんの調味料を使う必要はありません

　家庭料理は、素材のうまみを生かしてできるだけシンプルに作ることが大切。だから、だしをとるのは最小限に、というお話をしました。それは調味料についても同じです。調味料を加えすぎると、素材が持つ本来のおいしさが損なわれてしまいますし、ひと口食べておいしいと感じても、すぐに飽きてしまいます。「うますぎないおいしさ」があることを覚えてください。

　素材を生かす調味料使いの一つとして、私はうす口しょうゆをおすすめします。関西地方で使われるイメージが強いですが、ふだんの家庭料理に使いこなせるととても便利です。うす口しょうゆの特徴は、濃い口しょうゆに比べて、風味がおだやかなこと。また、すっきりした味わいなのに、塩のような直接的な塩からさではなく、しょうゆ特有のうまみが感じられることです。ですから、素材のおいしさを損なわずに、味つけができるのです。もちろん料理にもよりますが、例えば、炊き込みご飯にはうす口が最適。季節の野菜の風味や色あい、白身魚の上品なうまみなど、繊細な素材の持ち味が生きた一品が、とても簡単に作れます。

第四章

野菜

身近な野菜で手早く作る
煮ものや炒めものから
みそとヨーグルトで作る
簡単ぬか漬けまで
わが家の定番にしたい
野菜料理を集めました。

なすの揚げ煮

煮汁がしみた
なすがとろり
とり肉も一緒に煮て

茄子

なすは揚げてから 冷水にとり、もむように洗う と、色よく、味がしみた揚げ煮に

なすに煮汁がしみ込むほどおいしくなりますが、煮すぎるとなすの皮の鮮やかな色合いは失われます。おいしく作るには、揚げたなすを冷水にとり、もむこと。こうするとなすの繊維がほぐれてスポンジ状になり、味がしみ込みやすくなります。このひと手間で、なすを5分ほど煮るだけで色よく味がしみた揚げ煮に。

材料（2人分）
とりもも肉…1枚（約250g）
なす…6個
しょうがのせん切り…2かけ分
わけぎ（または長ねぎ）の小口切り
　…½本分
A ┌ 昆布（10×10cm）…1枚
　│ 長ねぎの青い部分…1本分
　│ しょうゆ、みりん…各80ml
　│ 砂糖…大さじ1½
　└ 水…4カップ
揚げ油…適量

1　とり肉は一口大に切る。熱湯にさっとくぐらせ、表面の色が変わったら冷水にとり、ペーパータオルで水けをふく。

2　なすはへたと先を切り落とし、1.5cm間隔に縦に浅い切り目を入れる。なす2本に竹串を1本刺してつなげる。

3　揚げ油を低温（約160℃）に熱し、2のなすを入れる。時々上下を返しながら揚げ、菜箸でなすをはさんだとき、少しへこむくらいになったら取り出して油をきる。

基本のポイント

4　3の竹串をはずして冷水にとり、なすを軽く握って繊維をほぐすようにもみ、取り出して水を軽く絞る。

5　鍋にAと1のとり肉を入れて火にかける。煮立ったらアクを除いて4のなすを加え、弱めの中火にして約5分、なすがふっくらするまで煮る。

6　器に盛り、しょうがとわけぎを添える。

なすの特製みそ炒め

特製みそで炒めるだけ。
こうばしい香りで、
食欲そそるおいしさに

香味野菜がたっぷり入った風味満点の特製みそ で絶品の炒めものが簡単に仕上がります

ねぎやにんにくをたっぷり加えた特製みそで、スタミナ満点に仕上げた炒めもの。この特製みそは、材料を混ぜるだけでも作れますが、少し多めに、鍋でひと煮立ちさせて、まとめ作りするのがおすすめ。火を通すことで味わいがまろやかになり、日もちがよくなって冷蔵庫にあると忙しいときのおかず作りに便利。ご飯や冷ややっこにのせてもおいしいです。

*残った特製みそは保存容器に入れ、冷蔵庫で約1週間保存できる。

材料（2人分）
豚バラ薄切り肉…100g
さやいんげん…5本
なす…4個
A ┌ 卵黄…1個分
　├ 長ねぎのみじん切り…½本分
　├ おろしにんにく…1片分
　├ みそ…200g
　├ 砂糖…大さじ6
　└ みりん、酒…各大さじ2
サラダ油…大さじ2

1 基本のポイント
Aの特製みその材料は小鍋に入れてよく混ぜ合わせる。火にかけ、混ぜながら煮て、ふつふつと煮立ったら火から下ろす。火を通すことで調味料と香味野菜がなじんで、味わいがまろやかになり、日もちもよくなる。

2 豚肉は4cm幅に切る。鍋に湯を沸かし、いんげんを約1分ゆでて取り出す。続けて同じ湯に豚肉を入れ、色が変わったらざるにあけて湯をきる。なすは四つ割りにし、さっと水にさらしてしっかり水をきる。いんげんの粗熱がとれたら長さを半分に切る。

3 フライパンに油を熱し、なすを加えてじっくり炒める。表面に焼き色がついたら豚肉を加えて軽く炒め合わせ、**1**の⅓量を加えて炒め合わせる。

4 仕上げにいんげんを加えてさっと炒め合わせる。

旬のうちに作りたいなすと煮干しのしょうゆ煮

なすがたくさん出回る旬の時期にぜひ作ってほしい常備菜。
味だしになる煮干しが具材としても利いています。応用も自由自在

なすと煮干しのしょうゆ煮

材料（作りやすい分量）
なす…6個
煮干し（頭とはらわたを除いたもの）…10g
A ┌ しょうゆ…大さじ2
　└ 水…½カップ
赤とうがらし…2本
サラダ油…大さじ2

1 ボウルに煮干しとAを入れて約1時間おく。とうがらしは種を除く。なすは四つ割りにする。

2 鍋に油を熱し、なすを皮目から入れる。皮目に油をなじませるように焼き、色が鮮やかになったら全体に油をからめながらしんなりするまで炒める。

3 **基本のポイント**
1のとうがらし、煮干しをつけ汁ごと加え、なすの上下を返しながら、煮汁がほとんどなくなるまで煮る。火を止め、粗熱がとれるまでおく。

＊そのまま食べてもよいし、おろししょうが少々を添えても。煮干しもおいしいので好みで食べて。
＊保存容器に入れ、冷蔵庫で4～5日間保存可能。

万能ねぎたっぷりのなすあえそば

材料（2人分）
なすと煮干しのしょうゆ煮
　（左ページ参照）のなす…10切れ
なすと煮干しのしょうゆ煮の煮干し…適量
そば（乾麺）…100g
ラー油…少々
万能ねぎの小口切り…大さじ4

1　そばはたっぷりの熱湯で袋の表示どおりにゆで、水にとってもみ洗いし、しめて水をきる。

2　なすと煮干しのしょうゆ煮のなすは3〜4cm長さに切る。

3　**基本のポイント**
ボウルに1、2、なすと煮干しのしょうゆ煮の煮干し、ラー油を入れてあえる（味をみて、しょうゆ小さじ1〜2を加えても）。

4　器に盛り、万能ねぎをのせる。

なすとクレソンのサラダ

材料（2人分）
なすと煮干しのしょうゆ煮
　（左ページ参照）のなす…10切れ
長ねぎ…2/3本
クレソン…1束
白いりごま…大さじ2

1　ねぎは7〜8cm長さに切る。芯を除いてせん切りにし、水にさらして水をきる。クレソンは葉を摘み、茎は長さを半分に切る。なすと煮干しのしょうゆ煮のなすは、長さを半分に切る。

2　すべてボウルに入れ、ごまを加えてあえる。

里芋

里いもといかの煮もの

外は甘辛　
中はほっくりの　
里いもがごちそう

里いもはぬめりがおいしさの素。
皮つきで下ゆでする とうまみが逃げません

里いもは、うまみの素になる"ぬめり"をとらずに調理することがコツ。
まず、皮つきのまま10分ほどゆでて、ぬめりとともにうまみを閉じ込めてから煮汁で煮ます。
こうすると、皮がつるっと簡単にむけるという利点も。表面はねっとり甘辛味、
中はふっくらとして里いもの甘みが感じられ、いかとの相性もよい煮ものになります。

材料(2人分)
するめいか…1ぱい
里いも…8個(約400g)
絹さや…4枚
A ┌ 砂糖…大さじ2½
　│ 酒…大さじ2
　│ しょうゆ…大さじ1⅓
　└ 水…1½カップ

1 **基本のポイント**
里いもは皮に包丁で浅く切り目を1本入れる。たっぷりの水とともに鍋に入れて火にかけ、煮立ったら弱めの中火にし、約10分ゆでる。

2 1の湯をきって冷水にとり、ふきんなどで押さえながら皮をむく。皮ごとゆでることで、つるっと簡単に皮がむける。

3 いかはわたごと足を引き抜き、胴は1cm幅の輪切りにする。足は2～3本ずつに切り分ける。

4 鍋に里いも、いかの足、Aを入れて火にかけ、里いもに竹串を刺してスッと通るまで落としぶたをして煮る。

5 煮汁が⅓量くらいになり、小さい泡が立ってきたら、いかの胴を加えて約1分煮る。足と時間差で加えることで、やわらかく煮上がる。

6 器に盛り、さっとゆでた絹さやを添える。

かぼちゃの南蛮煮

ピリ辛味で男性にも喜ばれる

南瓜

かぼちゃは、 頭が少し出るくらいの少ない量の煮汁で煮る のがコツ。
甘みが凝縮し、ほっくり煮上がる

中まで味を含ませようと、かぼちゃをたっぷりの煮汁で煮ると、煮くずれや水っぽさの原因に。
かぼちゃに甘みがあるので、さらに味を含ませるのではなく、素材の味を生かすようにします。
コツは、少ない煮汁で煮ること。落としぶたをして、かぼちゃに火が通ったとき、煮汁が
ほとんどなくなるように煮ると、表面だけに煮汁がからみ、中はかぼちゃ本来のおいしさに。

材料（2～3人分）
かぼちゃ…¼個（約400g）
A ┌ 豆板醤…小さじ½
　│ 酒…130mℓ
　│ 砂糖…大さじ1
　│ みりん…小さじ2
　│ うす口しょうゆ…大さじ½
　│ （またはしょうゆ大さじ1）
　└ 水…½カップ
ごま油…小さじ1

1 かぼちゃは皮をところどころむき、大きめの一口大に切る。

2 基本のポイント
かぼちゃの皮を下にして鍋に入れ、Aを加える。オーブン用ペーパーなどで落としぶたをして火にかけ、煮立ってから6～7分煮る。

3 煮汁が少なくなったら落としぶたを取り、ごま油を回し入れる。ごま油や豆板醤でコクのあるピリ辛味の煮ものになる。

4 鍋を回すように動かして煮汁をからめながら煮て、煮汁がほとんどなくなったら火を止める。

筑前煮

素材のうまみを
生かしたまろやかな
味わいの煮もの

根菜

野菜ととり肉をそれぞれ霜降りし、炒めずに煮ると、素材のうまみが生きた筑前煮に

素材のうまみを生かす筑前煮のポイントは、肉や野菜をさっとゆでる"霜降り"。
アクや雑味が除かれ、本来の味が引き立ちます。
あとは、油で炒めたりだし汁を加えたりせず、煮汁とともに鍋に入れて煮るだけ。
とり肉はやわらかく、野菜の香りや甘みが生きた、飽きのこないおいしさに。

材料（2〜3人分）
とりもも肉…小1枚（約200g）
にんじん…½本
ゆでたけのこ…½個（約50g）
れんこん…小1節（約100g）
ごぼう…½本
里いも…3個
こんにゃく…½枚
しいたけ…4枚
絹さや…4〜5枚
長ねぎの青い部分…1本分
A ┌ しょうゆ、みりん
　│　　…各¼カップ
　│ 砂糖…25g
　└ 水…2カップ

1 にんじん、たけのこは大きめの乱切りに、れんこんは7mm厚さの半月切りにする。ごぼうは皮をよく洗って斜め2〜3mm厚さに、里いもは縦半分〜4等分に切る。こんにゃくは一口大にちぎり、しいたけは軸を除く。とり肉は一口大に切る。

2 鍋にたっぷりの湯を沸かし、絹さやをさっとゆでて取り出す。

基本のポイント

3 続けて、とり肉以外の**1**をざるに入れてざるごと湯にひたし、再び沸騰してから2〜3分ゆで、取り出して湯をきる。とり肉もざるに入れて同じ湯にひたし、表面の色が変わったら取り出して湯をきる。

4 **3**の鍋を洗って**3**の野菜とこんにゃく、Aを入れ、強火にかける。

5 ねぎを加えて落としぶたをし、煮立ったら中火にして、野菜にほとんど火が通るまで約10分煮る。

6 ねぎを除き、**3**のとり肉を加えて再び落としぶたをし、さらに約5分煮る。

7 火を止め、粗熱がとれるまで少しおいて味をなじませる。器に盛り、**2**を添える。

77

天ぷら

歯ざわりのよい
ころもが素材の
おいしさを引き立てる！

彩りのよい天ぷら。
泡立て器でたたくように混ぜてころもを作る とサクッと揚がります

天ぷらごろもは混ぜすぎると粘りが出て油を吸いやすく、揚げ上がりが
ベタつきますが、混ぜ足りず粉っぽいとたねにきれいにころもがつきません。
泡立て器でたたくように混ぜると粘らず、さらりとしたころもに。揚げ油は中温で、
時間をかけて揚げるのもコツ。素材の水分がとび、ころものサクサクが長もちします。

材料（作りやすい分量・3～4人分）
えび…4尾
なす…2個
さつまいもの輪切り（5～6mm厚さ）…8枚
かぼちゃのくし形切り（5～6mm厚さ）
　…8枚
青じそ…4枚
大根おろし、おろししょうが…各適量
A ┌ 削りがつお…3g
　│ だし汁…1カップ
　└ しょうゆ、みりん…各¼カップ
B ┌ 卵黄…1個分
　│ 小麦粉…100g
　└ 冷水…170ml
小麦粉…適量
揚げ油…適量

1　天つゆを作る。小鍋にAを入れて火にかける。煮立ったら火を止め、ペーパータオルを敷いたざるでこし、さます。

2　えびは背わたを除き、尾を残して殻をむき、腹に数本切り目を入れる。なすはがくを除き、先端を少々切り落とし、縦半分に切る。皮目に5本、厚みの半分まで縦に切り目を入れる。

3　2とさつまいも、かぼちゃの表面に薄く小麦粉をまぶす。こうするところものつきがよくなる。しそは片面に小麦粉をまぶす。

4　**基本のポイント**
ころもを作る。Bの卵黄と冷水をよく混ぜ合わせる。ボウルに小麦粉を入れ、卵液を加えながら泡立て器でたたくように混ぜ合わせ、最後に全体を大きくひと混ぜする。

5　鍋に3cm深さの揚げ油を入れて中温（約170℃）に熱し、しそ以外の3を4にくぐらせ、鍋肌から入れて揚げる。油の表面が覆われるくらい入れると、温度が上がりすぎない。

6　5がカラリとしたら、取り出して油をきる。しそは小麦粉をつけた面に4をつけ、同様に揚げる。器に盛り、1の天つゆ、大根おろしとしょうがを添える。

かき揚げ

たねをまとめず
バラバラに揚げることで、
大きくてサクサクの一品に

かき揚げは逆転の発想で。
直径約20cmの小さめのフライパン なら簡単にできます

かき揚げは、小さいフライパンで作るのがコツ。ころもをゆるめにし、フライパンの大きさに合わせて薄く揚げることで、サクサクの軽い食感に仕上がります。たねのころもをきって油に入れ、菜箸でかき混ぜ、少し固まってきたら、ころもをたねの上に回しかけます。これで、大きな円形に。残りものでアレンジできるので、ぜひお試しを。

材料（2人分）
ベーコン…50g
じゃがいも…50g
わけぎ（または万能ねぎ）…20g
大根おろし…適量
おろししょうが…適量
A ┌ 卵…1個
  │ 冷水…½カップ
  │ 小麦粉…70g
  └ 塩…少々
小麦粉…大さじ1
揚げ油…適量
しょうゆ…適量

1　ベーコンは5mm幅に切る。じゃがいもは細切りにする。わけぎは斜め薄切りにする。ボウルに入れてさっと合わせる。

2　別のボウルにAの卵を割り入れて泡立て器で溶きほぐす。冷水を加えて混ぜ、小麦粉、塩も加えて、滑らかになるまで混ぜてころもを作る。

3　1に小麦粉を加えて全体に混ぜ、2を加えてまんべんなく混ぜる。こうすると、たねにころもがからみやすい。

4　直径20cmのフライパンに1.5cm深さの揚げ油を入れて中温（約170℃）に熱する。3の約半量を、ころもを軽くきって加え、菜箸で静かに大きく混ぜる。

5　**基本のポイント**
少し固まってきたら、ころもを大きめのスプーンで2〜3杯分すくって、揚げているたねに回しかける（こうするとフライパンの大きさにまとまる）。

6　表面が固まったら上下を返して揚げ、カラリとしたら取り出して油をきる。同様にもう1つ作る。皿に盛り、大根おろしを添えてしょうゆをかけ、しょうがをのせる。

ごまあえ

シャキッとした歯ざわりと野菜本来の甘み

ほうれん草のごまあえ

いんげんのごまあえ

野菜をゆでる前に水にとる ひと手間で、熱が伝わりやすくなり、歯ざわりのよいあえものに

ごまあえのおいしさは、野菜のゆで方で決まります。野菜は、収穫してから時間がたつほど水分が抜けるので、水に浸してみずみずしい状態に戻してからゆでます。水分を充分に含んだ野菜は熱が通りやすいので、短時間で火が通って歯ごたえよく仕上がり、野菜のうまみも逃げません。これで、いつもの小鉢がランクアップします。

ほうれん草のごまあえ
材料（2人分）
ほうれん草…1わ（約250g）
A ┌ 白すりごま…大さじ4
  │ 砂糖…大さじ1
  └ しょうゆ…小さじ1
しょうゆ…小さじ1

手順1～5

いんげんのごまあえ
材料（2～3人分）
さやいんげん…15本
B ┌ 黒すりごま…大さじ2
  │ 砂糖…大さじ1/2
  └ しょうゆ…小さじ1/2
塩…適量

手順1、6

1 基本のポイント
ほうれん草は根元を冷水に15～30分つけて、ピンとさせる。いんげんは冷水に15～30分つける。

2 鍋にたっぷりの湯を沸かし、ほうれん草2～3株を根元から入れる。茎がしんなりしたら葉も入れて5～10秒ゆでる。

3 2を取り出して冷水にとる。こうすると色鮮やかに仕上がる。残りも同様にゆでて冷水にとる。

4 3の根元をそろえて水けをギュッと絞る。3cm長さに切ってボウルに入れ、しょうゆを加えてよくもみ、もう一度汁けを絞る。しょうゆであえることで余分な水分が出る。

5 別のボウルにAの材料を入れて混ぜ、4を加えてあえる。

6 鍋にたっぷりの湯を沸かし、塩（約1%が目安）を加え、いんげんを入れて2～3分ゆでで、ざるに上げる。ボウルにBの材料を入れて混ぜ、粗熱がとれたいんげんの長さを4等分に切って加え、あえる。

豚しょうが焼き
薬味のせ

5種の香味野菜で作る万能薬味ミックス。
いつもの料理をランクアップさせる奥の手

5種の 香味野菜を刻んで合わせ 、さっと水にさらせば出来上がり

万能薬味ミックス

材料（作りやすい分量・3カップ）
貝割れ菜…1パック
青じそ…10枚
みょうが…3個
わけぎ…1/3束（または万能ねぎ2/3束、
　　　または長ねぎの青い部分1本分）
しょうが…1かけ

1　**基本のポイント**
　貝割れ菜は2cm長さに切り、しそは横細切り、みょうがとわけぎは小口切りにする。しょうがはみじん切りにする。

2　ボウルにざるを重ね、1を入れて軽く混ぜ合わせ、約5分冷水にさらして水をきる。そのまましばらくおき、しっかりと水をきる。水にさらすと臭みがとれ、シャキッとする。

3　ふた付きの保存容器にペーパータオルを敷いて2の万能薬味ミックスを入れる。冷蔵庫で約1週間保存可能。

豚しょうが焼き薬味のせ

材料（2人分）
万能薬味ミックス（右記参照）
　…3/4カップ弱（約40g）
豚しょうが焼き用肉…4〜6枚（約160g）
A［おろししょうが…1かけ分
　　塩、みりん、しょうゆ…各大さじ1
サラダ油…大さじ1

1　フライパンに油を熱し、豚肉を並べて焼き色がつくまで焼く。裏返して、Aを混ぜて加える。

2　**基本のポイント**
　フライパンを少し傾けてたれを煮立たせ、豚肉にからめて器に盛る。万能薬味ミックスをのせる。

薬味たっぷりとり肉のソテー

材料（2人分）
万能薬味ミックス（85ページ参照）
　…¾カップ弱（約40g）
とりもも肉…1枚（約250g）
A ┌ しょうゆ…大さじ1½
　│ 酢…大さじ1
　│ オレンジの搾り汁…大さじ½
　└ ごま油…小さじ1弱
サラダ油…少々

1　フライパンに油を広げ、とり肉を皮目を下にして入れる。アルミホイルをかぶせるか、少しずらしてふたをする。弱めの中火で約10分、こんがり焼き色がつくまで焼き、肉の厚みの半分くらいまで色が変わったら裏返す。さらに約10分、同様に焼いて取り出す。

2　**基本のポイント**
1を食べやすい大きさに切って器に盛り、万能薬味ミックスをのせ、Aを混ぜてかける。
＊オレンジの搾り汁は、りんごをすりおろした搾り汁などでも代用可。

牛しゃぶの薬味巻き

材料（2人分）
万能薬味ミックス（85ページ参照）
　…1カップ弱（約50g）
牛切り落とし肉…160g
A ┌ だし汁…½カップ
　│ みりん、しょうゆ…各大さじ2弱
　│ 削りがつお…1g
　│ おろしにんにく…½片分
　│ 白練りごま…35g
　└ ラー油…少々

1　ごまだれを作る。鍋にAのだし汁、みりん、しょうゆ、削りがつおを入れて火にかけ、沸騰したらざるでこす。完全にさまし、にんにく、練りごまを加えて混ぜ、ラー油も加えて混ぜ合わせる。

2　鍋に水を入れて65℃に熱し、牛肉を加えてほぐしながら15〜30秒ゆで、ざるにあけて粗熱をとる。

3　**基本のポイント**
2の牛肉を10等分し、小さいものは重ねて広げる。手前に万能薬味ミックスを等分して（大さじ1目安）のせ、くるくると巻いて器に盛り、1をかける。

3度おいしい卵かけご飯

材料（2人分）
万能薬味ミックス（85ページ参照）
　…3/4カップ弱（約40g）
卵…2個
温かいご飯…茶碗軽く2杯分
しょうゆ…適量

1　卵を黄身と白身に分け、それぞれ軽く溶きほぐす。

2　**基本のポイント**
　茶碗2つのまん中にそれぞれご飯を盛り、黄身と白身をご飯の左右に分けて入れる。ご飯にしょうゆをかけ、万能薬味ミックスをのせる。

薬味入りお焼き

材料（2人分）
万能薬味ミックス（85ページ参照）
　…1カップ弱（約50g）
長いも…20g
A[　卵…1個
　　小麦粉…100g
　　水…70mℓ
　　しょうゆ…小さじ2]
サラダ油…少々
しょうゆ…大さじ1弱

1　**基本のポイント**
　長いもはすりおろしてボウルに入れる。A、万能薬味ミックスを順に加えてそのつど混ぜる。

2　フライパンに油を弱めの中火で熱し、**1**を流し入れ、アルミホイルをかぶせるか、少しずらしてふたをする。こんがり焼き色がつくまで焼き、裏返して同様に焼く。アルミホイルを取り、スプーンの背などでしょうゆをぬる。

冷やしおでん

野菜たっぷり、ヘルシーな夏の新定番

練りもののうまみを生かせば、水で煮るだけ でおいしい煮ものに仕上がります

野菜に火を通してあるので、消化がよくて暑い時季の体にやさしい冷やしおでん。
ポイントは、練りものを使うこと。魚介のうまみやコクがあるので、だし汁ではなく
水で煮るだけでおいしく、冷やしたときに脂が固まりません。2種類以上組み合わせると、
味わいに深みが出ます。野菜は、うまみがあるトマトとしいたけはぜひ加え、ほかはお好みで。

材料（2〜3人分）
ちくわ…2本
さつま揚げ…6枚
しいたけ…6枚
オクラ…10本
トマト…小4個
結びしらたき…8個
長ねぎの青い部分…1本分
A ┌ 昆布（5×5cm）…1枚
  │ うす口しょうゆ（または
  │   しょうゆ）…大さじ2
  │ 酒…大さじ1
  └ 水…5カップ
塩…少々

1 ちくわは長さを3等分に切る。しいたけは軸を除く。オクラは塩をふってもんで水で洗い、へたの先を落としてがくをぐるりとむく。トマトはへたのまわりに包丁の刃先を入れてへたを除き、先端から、皮に十字に浅く切り目を入れる。

2 鍋に熱湯を沸かし、オクラをさっとゆで、取り出して湯をきる。さつま揚げ、ちくわ、しらたき、しいたけをざるに入れ、ざるごと同じ湯に入れて、再び煮立ったら取り出して湯をきる（こうすることで余分な油やアクが取り除かれ、素材のおいしさが生きたおでんになる）。

3 基本のポイント
別の鍋にさつま揚げ、ちくわ、しらたき、しいたけ、トマトとAを入れ、火にかける（味つけはうす口しょうゆがおすすめ。濃い口しょうゆに比べてうまみがすっきりしているので、素材の味わいが引き立つ）。煮立ったら、ねぎの青い部分を入れて弱めの中火にし、3〜5分煮る。

4 オクラを入れて火を止め、鍋ごと氷水につけてさまし（さめていくときに、たねに煮汁がしみ込む）、粗熱がとれたら冷蔵庫に入れて冷やす。昆布とねぎは引き上げて器に盛る。
＊冷蔵庫で2〜3日保存できる。

冷やしおでんと一緒に合わせ薬味

材料（作りやすい分量）
わけぎ…1本
　（または万能ねぎ3〜4本）
みょうが…2個
青じそ…5枚
しょうが…1かけ

1 わけぎは小口切りにする。みょうがは縦半分に切って縦薄切りにする。しそは縦半分に切って横にせん切りにし、しょうがはせん切りにする。

2 冷水にさっとさらし、ざるに上げてしっかり水けをきる。
＊七味とうがらし適量とともに、冷やしおでんに添えて。

簡単ぬか漬け

自家製の漬けものが保存袋で気軽に作れる!

みそとヨーグルトが3:1で漬け床が完成！
あとは好みの野菜を漬けるだけ

ぬか床に含まれる乳酸菌や酵母によって野菜が発酵し、おいしくなるのが、
本来のぬか漬けの原理。この漬けものは、ヨーグルトの酸味とみその酵母のうまみで、
まるでぬか漬けのような味わいを再現しました。においもなく、保存袋で作れるので手軽です。

材料（2～3人分）
A ┌ プレーンヨーグルト…80g
　└ みそ…240g
きゅうり…1本
長いも…10cm長さの
　縦半分（約120g）
にんじん…1/2本
なす…1個
塩…少々

1 きゅうりは両端を切り落とす。長いもは皮をよく洗い、にんじん、なすとともに縦半分に切る。表面に塩をまんべんなくまぶし、きゅうりは約10分、にんじん、なす、長いもは約15分おく。

2 基本のポイント
Aをボウルに入れ、泡立て器でよく混ぜ合わせて漬け床を作り、ファスナー付き保存袋に移す。

3 1の野菜を洗って塩を落とし、ペーパータオルで水けをふき取る。2に入れ、空気を抜きながら平らにならし、冷蔵庫で4時間～半日くらい漬ける。

4 漬け床は好みで洗い落とし、食べやすい大きさに切って器に盛る。

＊漬け床は2回まで使え、冷蔵庫で約10日間もつ。

91

うますぎないうまみ を持つ発酵食品は、
家庭料理にもっともっと取り入れたいものです

　しょうゆやみそなどの調味料、ぬかみそをはじめとする漬けものなどの発酵食品は、「米食い」の日本人の食卓とは切っても切れないものでした。これらは近年、そこに含まれる塩分が体に悪いとされ、敬遠されがちになっています。しかし、日本の風土を考えると、見直されるべきではないかと私は考えています。

　例えば、ぬか漬けは、ぬかの酵母を動かして、野菜を発酵させていきます。酵母にはミネラルや乳酸菌がたっぷりと含まれていますが、ぬか漬けを日常的に食べるだけで、これらを効果的にとることができます。ヨーロッパなどでは、飲料水がミネラルを多く含む「硬水」であるため、自然に摂取することができますが、日本の水はミネラルの少ない「軟水」ですから、発酵食品でこれを補うのは、無理のない方法といえます。さらに、日本の主食である「ご飯」は酸性食品であることから、アルカリ性食品と組み合わせてバランスをとりたいところ。発酵食品や野菜の多くはアルカリ性食品であり、具だくさんのみそ汁や、野菜のぬか漬けなどをご飯と組み合わせるのは、とても理にかなっているといえるのです。

　肉など、うまみの強い食品が家庭の食卓にも多く上るようになって久しいですが、発酵食品の「うますぎないうまみ」は、飽きのこない、やさしい味わい。簡単ぬか漬け（82ページ）など、毎日でも食べられる料理を紹介していますので、ぜひ食卓に取り入れてください。

第五章

日本の家庭料理に欠かせない、米料理。
炊き込みご飯や和風カレーなどの
何度でも食べたい味、
季節の行事に合わせて作りたい雑煮やすしも。
最後に、白いご飯が簡単においしく炊ける、
驚きの野﨑流もご紹介しています。

豆ご飯

うす口しょうゆが
味の決め手

うす口しょうゆがあれば、味付けはそれだけで決まります。あれこれ「調味料」を使う必要はありません

生のグリーンピースが手に入ったら、とことんシンプルな味つけの豆ご飯がおすすめです。作り方は至って簡単。グリーンピースは下煮せず、生のまま米と一緒に炊飯器に入れ、だし汁ではなく水で炊くのです。味つけの決め手はうす口しょうゆ。手軽であっさりとしていて、より素材の味が生きたご飯になります。

材料（作りやすい分量・3〜4人分）
グリーンピース（さやつき）
　…300g（正味150g）
米…3合
A ┌ うす口しょうゆ、酒…各大さじ3
　└ 水…2 1/4 カップ

1 米は洗って水に約15分つけ、ざるに上げてさらに約15分おく。グリーンピースは炊く直前にさやから実を取り出す（さやから出して時間をおくと、乾燥して風味が損なわれてしまうので注意する）。

2 **基本のポイント**
炊飯器に米、Aを入れて軽く混ぜる（濃い口しょうゆに比べてすっきりとしたうまみで塩分が強いうす口しょうゆを使うことで、だし汁や塩を加えなくてもよく、味つけが簡単になる）。

3 グリーンピースを生のまま加えて炊く。

4 炊き上がったらさっくりと混ぜ合わせて器に盛る。

＊うす口しょうゆがない場合は、水470ml、しょうゆ大さじ1 1/2、酒大さじ3、塩小さじ1/3を加えて炊くとよい。

とり五目ご飯

たっぷり
きのこやごぼうで
風味満点！

具によって加えるタイミングを変える と、素材のおいしさが生きた炊き込みご飯に

素材の持ち味を生かす少しのコツで、いつもの炊き込みご飯がぐっとおいしくなります。それは、具によって加えるタイミングを変えること。ごぼうなど長く炊くことでうまみが引き出される具は米と一緒に炊き、風味を生かしたいとり肉などは、炊き上がりに加えて蒸らす程度に。これで風味満点のご飯になります。

材料（2人分）
とりもも肉…150g
しめじ…1パック（約100g）
しいたけ…6枚
にんじん…4cm
ごぼう…1/4本
三つ葉…適量
米…2合
A ┌ うす口しょうゆ…大さじ2
　│　（またはしょうゆ
　│　　大さじ2 1/3）
　│ 酒…大さじ2
　└ 水…1 1/2カップ

1 米は洗って水に約15分つけ、ざるに上げてさらに約15分おく。

2 とり肉は一口大に切る。しめじは小房に分ける。しいたけは軸を除いて2〜3mm厚さに切る。にんじんは細切りにする。ごぼうは皮をよく洗って薄い小口切りにする。

3 しめじ、しいたけ、にんじんをざるに入れ、沸騰した湯にざるごと入れて30秒ほどつけ、取り出して湯をきる。続けて、とり肉をざるに入れ、同じ湯にくぐらせ、色が白く変わったら取り出して湯をきる。

4 別の鍋にAと**3**を入れて火にかける。煮立ったら弱火にして2〜3分煮て、具と煮汁に分け、煮汁は粗熱をとる。

5 基本のポイント
炊飯器に**1**の米、ごぼう、**4**の煮汁を入れて炊く（早炊きモードで炊くとよい）。炊き上がったら、**4**の具を加えて2〜3分蒸らし、さっくり混ぜる。

6 器に盛り、さっとゆでて食べやすい長さに切った三つ葉を散らす。

季節の素材で炊き込みご飯

さつまいも、さばが主役の2つの炊き込みご飯。
おいしさの決め手は、やはり 具を加えるタイミングです

豚肉とさつまいもの炊き込みご飯

材料（2～3人分）
豚バラ薄切り肉…100g
さつまいも…1/2本（約100g）
わけぎの小口切り…適量
米…2合
A ┌ うす口しょうゆ…大さじ2
  │   （またはしょうゆ35ml）
  │ 酒…大さじ2
  └ 水…1 1/2カップ
粗びき黒こしょう…適量

1 米は洗って水に約15分つけ、ざるに上げてさらに約15分おく。

2 さつまいもは皮つきのまま1.5cm角に切り、水に約10分さらして水をきる。豚肉は2cm幅に切る。鍋に湯を沸かして、豚肉をさっとくぐらせ、色が変わってきたら取り出して湯をきる。

3 【基本のポイント】
炊飯器に米、さつまいも、Aを入れて炊く（あれば、早炊きモードで炊くとよい）。

4 炊き上がる直前に**2**の豚肉を加える。炊き上がったらこしょう少々をふってさっくり混ぜ、3分蒸らす。器に盛り、わけぎをのせる。

焼きさばとしょうがの炊き込みご飯

材料（2～3人分）
さば（半身）…1枚
しょうがのみじん切り…2かけ分
米…2合
白いりごま…適量
A ┌ うす口しょうゆ…大さじ2
  │   （またはしょうゆ35ml）
  │ 酒…大さじ2
  └ 水…1 1/2カップ
塩…少々

1 さばはあれば骨を除いて1cm厚さのそぎ切りにし、両面に塩をふって約20分おく。水でさっと洗い、ペーパータオルで押さえて水けをふき、魚焼きグリルで焼き色がつくまで焼く。

2 米は洗って水に約15分つけ、ざるに上げてさらに約15分おく。

3 炊飯器に米、Aを入れて炊く（あれば、早炊きモードで炊くとよい）。

4 【基本のポイント】
炊き上がったら、しょうがと、さばを飾り用に2～3切れ残して加えてさっくりと混ぜ、2～3分蒸らす。器に盛って残しておいたさばをのせ、ごまをふる。

豚肉とさつまいもの炊き込みご飯

さつまいもは米と一緒に炊くと甘みが増し、ホクホクの食感に

焼きさばとしょうがの炊き込みご飯

こうばしく焼いたさばをたっぷり混ぜて

栗おこわ

炊飯器で手軽に作れる！

栗の甘みと香りに大満足！
栗は生のまま 水と一緒に炊飯器に入れて炊きます

大人気の栗おこわ。生の栗を使って、旬にしか味わえない一品に仕上げます。
コツは、栗を小さく切ることと、生のまま米と一緒に炊くこと。
これだけで甘みや香りがぐっと引き立ち、栗がご飯とよくなじみます。

材料（2〜3人分）
栗…8〜10個（正味100g）
もち米…2合
A ┌ うす口しょうゆ…大さじ1 2/3
  │ （またはしょうゆ大さじ2）
  │ 酒…大さじ1 2/3
  └ 水…1 1/4カップ
ごま塩…適量

1 もち米は水でさっと洗い、水に20〜30分つけ、ざるに上げてさらに約15分おく。

2 栗はかぶるくらいの熱湯に4〜5分つけて湯をきる。鬼皮は、ざらざらした部分を包丁で切り落とし、切り口にスプーンを差し込んではぎ取る。続けて、切り口からとがったほうに向かって、包丁で渋皮をむく。1cm角に切り、水に約10分さらして水をきる。

3 **基本のポイント**
炊飯器にもち米、栗、Aを入れて炊く（あれば、早炊きモードで炊くとよい）。

4 器に盛り、ごま塩をふる。

＊米で炊いて栗ご飯にしても。その場合は、作り方1で、米を水につける時間を15分にし、Aの分量をうす口しょうゆ、酒各大さじ2、水1 1/2カップにするとよい。

鯛めし

焼いた鯛の
こうばしい風味で
極上のおいしさに

焼いた鯛を炊いている途中で加える ことで
こうばしく、うまみたっぷりのご飯に

土鍋で炊く、ごちそう炊き込みご飯。土鍋は豪華に見えるだけでなく、
米が対流しやすいのでふっくらつやよく炊き上がるという利点もあります。
一尾の鯛ではなく切り身を使うと、下ごしらえが手軽なうえ、うまみがご飯によくなじみます。
焼いてから途中で加え、こうばしさを残しながら、風味豊かに仕上げます。

材料（2〜3人分）
鯛…2〜3切れ（約200g）
米…3合
A ┌ うす口しょうゆ…大さじ3
　│ 　（またはしょうゆ1/4カップ）
　│ 酒…大さじ3
　└ 水…2 1/4カップ
木の芽の粗みじん切り…適量
塩…少々

＊炊飯器でも炊ける。その場合は、米にAを加えて早炊きモードで炊き、炊き上がったら焼いた鯛を加えて2〜3分蒸らすとよい。

1　米は洗って水に約15分つけ、ざるに上げてさらに約15分おく。

2　鯛はあれば骨を除いて1cm厚さのそぎ切りにし、両面に塩をふって約20分おく。さっと洗ってペーパータオルで水けをふき、魚焼きグリルで皮目に焼き色がつくまで焼く。

3　土鍋に1の米とAを入れて強火にかける。沸騰してきたら、ふきこぼれないように火を弱めてふたを少しずらし、ふつふつ沸く状態を保ちながら7分炊く。

基本のポイント
4　水分が減って米肌が見える状態になったら2の鯛をのせる。ふたをして弱火で7分、ごく弱火にしてさらに5分炊き、火を止めて5分蒸らす。

5　4の鯛を飾り用に2〜3切れ取り出し、木の芽を散らす。ご飯とさっくり混ぜ、とっておいた鯛をのせ、さらに木の芽をのせる。

たけのこご飯

たけのこの本来の
香りとうまみが
ぎゅっと凝縮

生のたけのこのアクは大根おろしの汁につけて抜く と、風味も食感も生かされます

春、旬を迎えた生のたけのこが手に入ったら、手軽にアクを抜いて、ぜひたけのこご飯を作ってみてください。下ゆでも米ぬかも不要。大根おろしの汁に同量の水と少量の塩を加え、生のたけのこを30分ほどつけるだけ。大根に含まれる成分が特有のえぐみを除きます。ゆでないから香りやうまみは抜けず、歯ざわりも抜群です。

材料（2人分）
たけのこ…小2本
　（約500g・正味250g）
大根おろしの汁…¼本分
　（約1カップ）
油揚げ…½枚
米…2合
木の芽…適量
A ┌ うす口しょうゆ…大さじ2
　│　（またはしょうゆ大さじ2⅓）
　│ 酒…大さじ2
　└ 水…1½カップ
塩…小さじ1

1 たけのこは外側の厚い皮を2〜3枚むき、穂先を斜めに切り落とし、縦に1〜2cm深さの切り目を入れる。切り目から開いて皮をすべてむき、根元のごつごつした部分は包丁でこそげ取る。

2 根元から1〜2cmのかたい部分を切り落とし、1.5cm角に切る。

3 【基本のポイント】ボウルに大根おろしの汁、水1カップ、塩を入れて混ぜ、**2**のたけのこを入れて約30分つける。切り落とした根元は別の料理に使えるので、一緒につける（すまし汁の実などにしても）。

4 米は洗って水に約15分つけ、ざるに上げてさらに約15分おく。油揚げは粗みじん切りにし、熱湯でさっとゆでて油抜きし、ざるに上げて湯をきる。

5 **4**を炊飯器に入れる。**3**の角切りたけのこをさっと洗って水をきり、Aとともに加えて早炊きモードで炊く。

6 さっくり混ぜ合わせて器に盛り、木の芽をのせる。

和風カレーライス

野菜のうまみを
生かしたルウが
やさしい味わい

たっぷりの野菜がうまみの素になったルウ で後味のよい、やさしい味わいのカレーに

野菜たっぷりのルウがポイントの、ヘルシーなカレーです。にんにく、しょうが、玉ねぎなどの香味野菜をじっくり炒めてコクを出し、トマトジュースやすりおろしにんじん、カレー粉などを加えてルウを作ります。うまみの素は野菜のおいしさなので、後味すっきり。具にも根菜やこんにゃくを加え、いっそうヘルシーに仕上げました。

材料（4〜5人分）

A
- 玉ねぎのみじん切り…50g
- にんじんのすりおろし…20g
- にんにくのみじん切り…2片分
- しょうがのみじん切り…大2かけ分
- トマトジュース…1/4カップ
- カレー粉…大さじ2
- 小麦粉…20g
- しょうゆ…大さじ2
- みりん…大さじ1
- サラダ油…大さじ2

- 豚バラ薄切り肉…300g
- じゃがいも…大1個
- 玉ねぎ…1個
- にんじん…1本
- れんこん…1節（約150g）
- ごぼう…1/2本
- こんにゃく…1/2枚
- トマトジュース…1カップ
- 温かいご飯…適量
- サラダ油…大さじ2

1 【基本のポイント】
Aでルウを作る。フライパンに油、にんにく、しょうがを入れて火にかけ、うすく色づくまで炒める。玉ねぎを加えてしんなりするまで炒め、カレー粉を加え、香りが立ったら小麦粉を加えて均一に混ざるまで炒める。火を止め、にんじん、トマトジュース、しょうゆ、みりんを順に加えて混ぜ、再び火にかけ、つやが出るまで練るように炒めて取り出す。

2 じゃがいも、玉ねぎは一口大に切る。にんじん、れんこん、ごぼうは一口大の乱切りにする。こんにゃくは一口大にちぎる。豚肉は4〜5cm長さに切り、沸騰した湯にさっとくぐらせ、色が変わったら取り出して湯をきる。

3 鍋に油を熱して2の野菜とこんにゃくを炒める。じゃがいもの表面が少し透き通ったらトマトジュース、水1ℓを加えて約10分、野菜にほぼ火が通るまで煮る。

4 1のルウをざるでこしながら加えて溶きのばす。こうすると、だまになりにくい。少しとろみがつくまで7〜8分煮る。

5 4に豚肉を加えてさっと煮る。

6 器にご飯を盛り、5をかける。好みで漬けものを添えても。

うな丼

お店で食べるような
ふっくらとした
おいしさ

かば焼きを 6：6：1 のたれで煮るだけ で程よく水分が補われてふっくらする

市販のかば焼きをフライパンで煮るだけで、お店の味に。ポイントは、酒、みりん、しょうゆが 6 対 6 対 1 のたれ。このたれは味つけのためだけでなく、かば焼きの水分を補い、やわらかくするのが目的。酒とみりんはアルコール分が多く、蒸発しやすいので、うなぎが水っぽくならず、ふっくら煮えます。酒は風味を、みりんは照りを、少量のしょうゆはこうばしさを加えます。

材料（2人分）
うなぎのかば焼き…1串（約150g）
玉ねぎ…½個
三つ葉…5本
温かいご飯…どんぶり2杯分
A ┌ 酒、みりん…各大さじ6
  └ しょうゆ…大さじ1

1 Aを混ぜ合わせる。かば焼きにはしっかり味がついているので、しょうゆは風味づけ程度の少量でよい。みりんには、味をまろやかにし、照りをよくする役割もある。

2 うなぎのかば焼きは一口大に切る。玉ねぎは縦7〜8mm幅に切る。三つ葉は3cm長さに切る。

3 基本のポイント
フライパンにAと玉ねぎを広げ入れ、上にうなぎをのせて火にかける。煮立ったら、時々フライパンを揺すりながら5〜6分煮て、煮汁にふつふつと大きな泡が立ち、少しとろみがつくまで煮詰め、三つ葉を加えて火を止める。

4 器にご飯を盛って3を汁ごとのせる。

雑煮

上品なうまみの
白身魚がだしの素

季節

塩をふって湯にくぐらせた白身魚 を水から煮るだけ。
うす口しょうゆで味つけすれば、上品なだしの雑煮に

地域により、入れる具やだしの味つけはさまざまですが、ここでは鯛を使った、すまし汁を。
鯛は縁起がよいという理由だけではなく、雑煮の具になるとともに、おいしいだしの
素にもなります。塩をふってさっと湯にくぐらせ、水、うす口しょうゆ、酒、昆布とともに
鍋に入れ、さっと煮るだけ。これで鯛のうまみが煮汁に移り、とても上品な味わいのすまし汁に。

材料（5人分）
鯛（またはさわら、金目鯛など
　好みの白身魚）…5切れ
大根…小4cm
にんじん…4cm
しいたけ…5枚
春菊…5本
ゆずの皮…適量
昆布（10×10cm）…1枚
切りもち…5個
A ┌ うす口しょうゆ…大さじ3
　└ 酒…大さじ2
塩…少々

1 鯛は骨を除いて2〜3等分に切る。両面に塩をふり、約20分おく。大根は4cm長さ、1cm幅の短冊切りにする。にんじんも同じ大きさに切る。しいたけは軸を除く。

2 　**基本のポイント**
鍋に湯を沸かし、にんじんと大根を入れる。約30秒たったら、しいたけも加えてさらに約30秒湯にくぐらせ、取り出して湯をきる。同じ沸騰した湯に**1**の鯛を入れ、表面が白くなったら冷水にとり、表面のぬめりやうろこを除き、ペーパータオルで水けをふく。こうすると余分な水分が抜け、うまみが凝縮する。

3 **2**の鍋をさっと洗い、水5カップ、A、昆布、**2**を入れ、火にかける。煮立ったら弱めの中火にし、鯛に火が通るまで2〜3分煮る。

4 切りもちはオーブントースターでこんがりと焼き、春菊とともに**3**に加えてさっと煮る。器に盛り、ゆずをのせる。

太巻きずし

うなぎ＋香り素材で
味が決まる！
恵方巻きにもおすすめ

> 味、香り、食感、彩りをバランスよく組み合わせれば

手軽な準備でおいしい太巻きずしができる

しっかり味でうまみの素になるうなぎのかば焼きと、さわやかな香りで風味をよくする三つ葉、甘酢しょうがの組み合わせで、太巻きずしが手軽においしくなります。
あとは、食感や彩りの具をバランスよく揃えて。
かば焼きは巻く前に、煮立てたたれにからめて風味を立たせます。

材料（4本分）
具
- えび…12尾
- うなぎのかば焼き…小1尾分（約100g）
- A
  - 溶き卵…3個分
  - 水…¼カップ
  - 砂糖…大さじ½
  - うす口しょうゆ…小さじ1
- きゅうり（細めのもの）…2本
- 三つ葉…1束
- しょうがの甘酢漬け…60g

焼きのり…4枚
すし飯
- 米…3合
- B
  - 酢…大さじ3
  - 砂糖…大さじ1½
  - 塩…小さじ1

白いりごま…大さじ2
C
- しょうゆ、みりん、酒…各大さじ1
- 砂糖…大さじ½

サラダ油…適量
塩…小さじ1

1 すし飯を作る。米は洗って水に約15分ひたし、ざるに上げてさらに約15分おく。炊飯器で普通に炊く。炊き上がったら大きめのボウルに取り出し、Bの合わせ酢を回しかけ、しゃもじで切るように混ぜる（3合程度の量ならうちわであおがなくてもよい）。

2 うなぎは縦横半分に切る。フライパンにCを入れて火にかけ、煮立ったらうなぎを入れて、両面にさっとからめる。取り出して粗熱をとり、縦1cm幅に切る。

3 卵焼き器に油を熱し、Aの卵液を4～5回に分けて流し入れて巻き、厚焼き卵を作る。粗熱がとれたら1.5cm角の棒状に切る。

4 えびは竹串で背わたを除き、尾から頭に向かって身がまっすぐになるように竹串を刺す。熱湯に入れて色が変わるまでゆで、粗熱がとれたら竹串をはずして殻をむく。

5 きゅうりは縦4等分に切り、種を除く。水1カップに塩を混ぜた塩水に約10分つけ、水けを絞る。三つ葉はさっとゆで、ざるに上げてさます。

6 巻きすに焼きのり1枚をのせる。手のひらを水でぬらし、1の¼量をひとまとめにしてのせ、のりの手前を1～2cm、向こうを2～3cmあけて均一に広げる。

7 基本のポイント
具の¼量を6の写真のようにすき間なく並べ、¼量のごまをふる。具を手で押さえながら巻きすごと手前を持ち上げ、手前のご飯を向こう側のご飯にくっつけるようにギュッと巻く。巻き終わりが下になるまで転がして巻き、巻きすの上から押さえて形を整える。残りも同様に作る。包丁を熱湯で温めてから、ふきんで軽くふき、食べやすい大きさに切る。

いなりずし

甘みと塩味の
バランスが絶妙。
行楽弁当にも

油揚げを煮るときは、しっかり甘みをきかせる。
黒砂糖を使うと、コクと風味が加わり味わい深く

地域によって具や包み方など個性がありますが、ポイントは、お揚げをしっかり甘く煮ること。
油揚げは油分が多く、調味料が足りないと味がぼやけてしまうため、塩味だけでなく、
甘みをきかせます。黒砂糖を使うとコクと風味が加わるのでおすすめ。
すし飯の砂糖と酢は控えめにすると、塩けが立ち、甘く煮たお揚げとのバランスがとれます。

材料（20個分）
お揚げ
- 油揚げ…10枚
- A
  - うす口しょうゆ…80mℓ
  （またはしょうゆ1/2カップ）
  - みりん…1/2カップ
  - 黒砂糖…50g
  - 水…3カップ

すし飯
- しょうがのみじん切り…1かけ分
- 青じそのみじん切り…5枚分
- 米…2合
- 白いりごま…大さじ2
- B
  - 酢…大さじ2強
  - 砂糖…大さじ1
  - 塩…小さじ1

1 お揚げを煮る。油揚げはすりこ木で軽くたたく（こうすると中の繊維がほぐれ、袋状に開きやすくなる）。沸騰したたっぷりの湯に油揚げを入れ、5～6分ゆでてざるにあけ、湯をきる。水にとり、もむように洗って油抜きし、水を絞る。

2 基本のポイント
鍋に1とAを入れ、落としぶたをして火にかける。煮立ったら弱めの中火にして15～20分煮て、煮汁がひたるくらいになったら火を止め、さめるまでおく。

3 すし飯を作る。米は洗って水に約15分ひたし、ざるに上げてさらに約15分おき、炊飯器で普通に炊く。炊き上がったら大きめのボウルに取り出し、Bを回しかけ、しょうが、しそ、ごまを加えてしゃもじで切るように混ぜ合わせる。

4 2のお揚げの煮汁を軽く絞って横半分に切り、切り口から袋状に開く。半量は裏返す。

5 3の粗熱がとれたら大きめの一口大（約40g）の俵形に軽く握る（こうするとお揚げに詰めやすい）。4に詰めて口を折りたたむ。お揚げの口を外側に折り返してご飯を見せても。

白いご飯とおむすび。

家庭で簡単に、おいしく作るには

フライパン炊き もおすすめ

　家庭料理のよさが「できたて」のおいしさだとすると、その最たるものは白いご飯かもしれません。店ではご飯を土鍋で炊いていますが、土鍋で炊いたご飯には、おいしさとともに、ふたを取ったときのわぁっという喜びがありますね。ただ、現代の家庭では土鍋にこだわる必要はないと私は思っています。炊飯器であれば、洗って15分浸水させた米を15分ざるに上げ、早炊きモードで炊くとおいしく炊き上がります。また、どこの家庭にもあるフライパンでも、非常においしくご飯が炊けるのをご存じですか？　フライパンは火が当たる面積が大きいので、米のひと粒ひと粒に、より強い熱が均一に伝わるのです。

　土鍋や釜で炊くご飯は、おいしいけれど加熱むらが出来やすい。フッ素樹脂加工のフライパンなら、底に米がつきにくく、上手に炊ける条件が揃っています。早く炊けるわけではありませんが、ちゃんとふっくら、「かにの穴」もできますよ。さめてももちもちしておいしく、おむすびにも向いています。

材料（直径24〜26cmのフライパン1個分・3合分）
米　3合
水　550ml

1　ボウルに米を入れ、たっぷりの水でやさしくもむように洗う。2〜3回水を替えながら洗い、再び水を注いで約15分おく。米はすぐには吸水しないため、1回目の水を慌てて捨てる必要はない。

2　米をざるに上げて水を流し、さらにざるを斜めに傾けて水をきる。そのまま約15分おく。こうするとさらさらの洗い米になる。

3　フライパンに2と、分量の水を入れる。炊飯するときに大事なのは、フライパンの大きさと米の量のバランス。水は米とほぼ同量と覚えて。

4　ふたをせずに強火にかけ、沸騰させる。沸騰したら、ふたをして弱めの中火にし、約5分加熱する。

5　ふたを取って、菜箸でフライパンの底についた米を取るようにかき混ぜる（フッ素樹脂加工のフライパンなら底に米がついてもさっと取れる）。再びふたをし、弱火にして約5分加熱する。

6　火を止めてふたを取り、しゃもじでご飯の上下を返すようにかき混ぜる。再びふたをして、約5分おいて蒸らす。

＊炊き上がったご飯をすぐに食べないときには、ぬれぶきんをフライパンにかけて、ふたをずらしてかぶせる。水蒸気が程よくご飯に戻り、ふっくらする。

＊おむすびにする場合は、水1/2カップに小さじ1の塩を溶かした塩水を用意し、茶碗1杯分のご飯をその塩水につけた手で握るとよい。好みで焼きのりや笹の葉を巻いても。

おいしいご飯が炊けたら
日本一おいしいおむすびを作ろう。
茶碗を使い、ふんわりと

　白いご飯がおいしく炊けたら、ぜひ試してほしいのが、野﨑流「日本一おいしいおむすび」。手でぎゅっと握るのではなく、茶碗を使うのがポイントです。おむすびは炊いたご飯と塩だけでできていますから、ご飯がべちょっとしていたり、粒が潰れていてはおいしいおむすびとはいえません。1/2カップの水に対して5gの塩を加えた塩水を作り、手と茶碗にその塩水をつけ、茶碗によそったご飯をやさしく握っていきます。力を入れずに形を整え、最後はふっくらとしたどら焼きのような形にするのがコツ。

材料（2人分）
炊きたてのご飯…240g
A ┌ 水…½カップ
　└ 塩…小さじ1（約5g）

1 炊きたてのご飯をバットに広げ、ぬれぶきんをかけて粗熱をとる。菜箸を置いた上にバットをのせると、下からも風が通り、ご飯がべちょっとするのを防げる。

2 小さめのボウルにAを混ぜて塩水を作る。塩水を茶碗に移して茶碗を湿らせ、再びボウルに移す。

3 ボウルの塩水で手を湿らせる。この塩分配合がおむすびにちょうど合うので、器にも手にもこの塩水を使うとよい。

4 粗熱をとった**1**のご飯80g（茶碗にごく軽く1杯が目安）を湿らせた茶碗によそう。手をご飯にかぶせて軽く押さえる。力を入れず、縁を整える感じに。

5 再び手に塩水をつけ、茶碗の上下を返してご飯を手に取り出す。縁のみを整えて、まん中はやわらかいままにして茶碗に戻す。これを2回繰り返す。

6 どら焼きのような形になったら、取り出して両手でまわりを整える。このときも力を入れずそっと押さえるようにする。

具とのりのコツ

おすすめののりの巻き方
ご飯が見えるように巻くとおいしそうに見える。焼きのり1枚を斜め半分に切って三角形にし、その中央におむすび1個をのせ、のりの左右をおむすびを包むように折り重ねる。

具は水けのないものがよい
しっかり焼いた塩鮭や、焼きたらこなど、水分が出にくい乾いた具がおすすめ。上記の**4**でご飯を茶碗によそったら、ご飯の中央に指で穴をあけ、具を沈めてから同様に握る。具を見せたくない場合は、ご飯を具の上にのせてから同様にする。

野﨑洋光（のざき・ひろみつ）

1953年福島県生まれ。1980年東京・西麻布「とく山」の料理長に就任、1989年に「分とく山」を開店し、総料理長に。創造性豊かな料理とやさしく温厚な人柄にファンが多く、30年以上にわたり予約が取れないほどにぎわう和食の名店となる。2024年に店を卒業、現在、和食料理人として幅広く活躍中。また東日本大震災後は故郷・福島の復興支援を積極的に行っている。自身の体験をもとにした『きゅうり食べるだけダイエット』（KADOKAWA）など著書多数。

Instagram：@ nozaki_hiromitsu
YouTube ：@ nozaki_hiromitsu

にほんいちかんたん
日本一簡単なのにはわけがある
しんぱん　のざきひろみつ　きほん　りょうり
新版　野﨑洋光　基本の料理

2025年3月31日　初版発行

のざき ひろみつ
著者／野﨑 洋光

発行者／山下 直久

発行／株式会社KADOKAWA
〒102-8177　東京都千代田区富士見2-13-3
電話 0570-002-301(ナビダイヤル)

印刷所／TOPPANクロレ株式会社
製本所／TOPPANクロレ株式会社

本書の無断複製（コピー、スキャン、デジタル化等）並びに
無断複製物の譲渡および配信は、著作権法上での例外を除き禁じられています。
また、本書を代行業者等の第三者に依頼して複製する行為は、
たとえ個人や家庭内での利用であっても一切認められておりません。

●お問い合わせ
https://www.kadokawa.co.jp/（「お問い合わせ」へお進みください）
※内容によっては、お答えできない場合があります。
※サポートは日本国内のみとさせていただきます。
※Japanese text only

定価はカバーに表示してあります。

©Hiromitsu Nozaki 2018,2025　Printed in Japan
ISBN 978-4-04- 897884-2　C0077